Welt der Heimatsagen

THÜRINGER RHÖN

Band 2

AF235151

Ernst-Ulrich Hahmann

Welt der Heimatsagen

Thüringer Rhön

Band 2
gesammelt und neu erzählt

Bibliografische Information der Deutschen
Nationalbibliothek

Die Deutsche Nationalbibliothek verzeichnet diese Publika-
tion in der Deutschen Nationalbibliothek: detaillierte biblio-
grafische Daten sind im Internet über://dnb.dnb.de
abrufbar.

Umschlagentwurf und Layout: Ernst-Ulrich Hahmann
Coverbild (Aquarell): Katharina Frühauf

© 2023 Hahmann

Herstellung und Verlag
BoD - Books on Demand, Norderstedt

ISBN 9 783754 332979

12,99 Euro

Inhaltsverzeichnis

7

9

Die Thüringer Rhön

Mit seinen weiten kuppigen Landschaften, gewaltigen Basaltformationen, grünen Borstengraswiesen mit Silberdisteln und Kuhschellen, auf denen die typischen schwarzköpfigen Rhönschafe weiden, den Birkhähnen, Moore und zahlreichen Hutbuchen zählt die Rhön als reizvollstes Mittelgebirge Deutschlands und ein im Herzen Europas gelegenes Grenzland.

Die Rhön erhebt sich westlich der Werra bis zu einer Höhe von 950 m (Wasserkuppe). Geprägt von charakteristischen Kulturlandschaften, zahlreiche Lebensräume für selten gewordene wild lebende Pflanzen und Tierarten. Sie ist aber auch eine Gegend der Kirchenburgen, Fachwerkhäuser und mächtigen Festungen.

Die Thüringer Rhön wird auch das *„Land der offenen Fernen"* genannt und ist eine Landschaft von atemberaubender Schönheit, ein Mittelgebirge in der geografischen Mitte Deutschlands gelegen. Zu ihr gehören ca. die Hälfte der beiden Landkreise Schmalkalden - Meiningen und der Wartburgkreis.

Die Rhön in Thüringen, geprägt von zahllosen unbewaldeten Kuppen der Hochlagen, lieblichen Tälern, Mooren und einzigartiger Flora und Fauna, wird umschweift von vier Flüssen: Werra, Ulster, Felda und Fränkische Saale.

Die Thüringer Rhön bietet nicht nur für all jene, die Ruhe und Entspannung suchen und sich mit der Natur verbunden fühlen auch die Gelegenheit sich mit dem Brauchtum und der Kultur dieser Region zu beschäftigen.

Als Kleinod bietet die Thüringer Rhön nicht nur eine reichhaltige deutsche Geschichte, sondern auch eine riesige Schatzkiste voller Sagen und Legenden.

Ja, es geht hier um die Sagen und Legenden, über die Thüringer Rhön, die bereits seit Jahrhunderten über diesen Landstrich weitererzählt werden.

Sie berichten aus der Vergangenheit. Oft geht es um Menschen, Orte und Ereignisse, die es wirklich gegeben hat.

Anders als im Märchen besitzen die Sagen immer einen wahren Kern und verzaubern uns mit ihren Geschichten über fantastische Wesen und Reisen in ferne Länder. Durch ihre spannenden Handlungen mit unerwarteten Wendungen und schrecklichen Bösewichten werden sie nicht langweilig.

So spielen auch die Thüringer Rhön Sagen oft an Orten, die es wirklich gibt, oder verweisen auf Ereignisse, die tatsächlich stattfanden. Manchmal erzählen sie auch von Figuren, die an wirkliche Personen erinnern.

Diese kleinen, besonderen Geschichten besitzen durch ihre Vielfältigkeit die Macht nicht nur Kinder in ihren Bann zu ziehen. Viele Erwachsene lieben diese Geschichten ebenfalls und durch mündliche Überlieferungen auf der Welt gibt es unzählige Varianten von jeder von ihnen.

Tauche ein, in die Welt der Mythen und Sagen aus dieser Region und lass dich verzaubern.

Von alten Zeiten, längst vergangenen Tagen,
erzählen grandios all die vielen Sagen.
Die Sagen sie fesseln unsere Fantasie
und bringen Abenteuer in unser Leben wie noch nie.
Sie lassen unsere Herzen schneller schlagen,
denn die Sagen uns in fremde Welten tragen.
Alt mögen die Sagen oft klingen,
hin und wieder jedoch Besinnliches in unser Leben bringen.
Sagen, die uns lehren, Träume zu haben,
können wir getrost in unseren Herzen tragen.

Die Kniebrechspalten

Einst erzählte ein Großvater seinem Enkel folgende Geschichte, die er hinter der Grundhofecke oberhalb *der Kniebrecher* erlebt habe:

Die Bäume des Waldes hatten bereits begonnen das goldgelbe Blätterkleid des Herbstes anzulegen als er, der Bauer aus Möhra, hinter der Grundhofecke kräftige Stämme aus dem Wald schliff. Er hatte bereits eine beträchtliche Anzahl, sein Pferd mit „Hüh" und „Hot" antreibend, aus dem Wald gezogen und freute sich auf den nahenden Feierabend.

Da geschah es.

Auf dem Rückweg, es mag der letzte Stamm gewesen sein, den er noch aus dem Wald holen wollte, brach plötzlich das Pferd vor seinen Augen im Waldboden ein und verschwand mit lautem Wiehern in der Tiefe.

Leichenblässe überzog das Gesicht des Bauern und er schaute entsetzt auf die Erdspalte, in der sein Pferd verschwunden war.

Dampf stieg kräuselnd aus dem Untergrund empor und wehte in einer langen dunstigen Fahne über den herbstlichen Waldboden.

Klägliches Wiehern, das aus der Tiefe an das Ohr des Bauern drang, ließ ihn zögernd an die Erdspalte herantreten und in die Öffnung schauen.

Nur von dem Pferd konnte er nichts sehen und so entschloss sich der Mann hinab in die Tiefe zu kraxeln. Endlich nach zehn Metern erreichte er den Grund. Hier lag sein Pferd mit gebrochenen Knien neben einer Kluft, die senkrecht weiter nach unten führte.

Der unheimliche Klang scheppernder Steine und Geröll, die in die unergründliche Tiefe purzelten, jagten den Bauern ein Schauer des Grauens nach dem anderen über den Rücken. Er ließ Pferd, Pferd sein und kletterte fluchtartig, als wenn der Teufel hinter ihm her wäre, zur Oberfläche zurück.

Erleichtert atmete der Mann auf, als er die rot glühende Kugel der untergehenden Sonne erblickte, die mit ihren letzten Strahlen das Blätterdach des Waldes vergoldeten. Das Rauschen des Windes in den Zweigen der Bäume und das Rascheln des goldgelben Laubes auf dem herbstlichen Waldboden klangen wie Musik in seinen Ohren.

Im Laufe der Jahre soll es hier hinter der Grundhofecke noch zu weiteren Unfällen gekommen sein und so war es nicht weiter verwunderlich das der Flurname *Kniebrecher* für diese Gegend gewählt wurde.

✱

Der durstige Klosterer

Neben der ehemaligen Klosterbrauerei befand sich einst ein fast vergessenes Gebäude des ehemaligen Klosters. Vom Garten dieses Grundstückes führte ein unterirdischer, in den Felsen gehauener Gang zu einem Gewölbe im Frankenstein. Versteckt lag der Eingang hinter dichtem Gebüsch.

Eines Tages ergab es sich, dass ein Klosterer zufällig den versteckten Eingang entdeckte.

Da die Neugier größer war als die Angst, die ihm im Nacken saß, entschloss er sich, den Gang zu betreten. An den Wänden entlang tastend tappte er durch die Dunkelheit des Stollens, stolperte über herumliegende Steine, stieß mit dem Kopf an hervorstehende Felsen und erreichte schließlich ein unterirdisches Gewölbe.

Wie jubelte der Klosterer, als er feststellte das der große Raum mit dem Keller der Klosterbrauerei verbunden war und er das viele Bier sah.

Ab sofort nutzte er täglich den Gang um in einem blauen Eimer Bier zu holen und seinen Durst zu stillen.

Schnell sprach es sich unter den Zechkumpanen herum, dass Reiner immer ausreichend Bier im Haus habe, aber niemand ihn einkaufen gehen sah.

Das Geheimnis blieb kein Geheimnis mehr und sprach sich in Windeseile unter den Saufbrüdern herum und jedes Mal, wenn sie den durstigen Klosterer besuchten, sprachen sie:

„Ich han Durscht Reiner, wo ist die blau Eimer?"

Die Hexentanzplätze auf dem Höhenzug des Pleß

Einer der westlichen Hochpunkte, der den Felda Grund von dem Werratal trennt, wird der Lindberg genannt, und zwar wegen der majestätischen Linde, die einst seinen Rücken schmückte. Unter ihr versammelten sich am

Walpurgis-Abend die benachbarten Hexen und verwandelten den Berg in einen brodelnden Hexenkessel.

Auf Besen, Mistgabeln, Schweinen, Böcken oder Kälbern wirbelte die Hexenbrut im Kreis toller und toller um die Linde herum.

Ein ausschweifendes Fest begann.

Die hemmungslose Gesellschaft schlachtete einen schwarzen Bock, der blubbernd in dem brodelnden Hexenkessel verschwand.

Dann wurde geschmaust und getanzt.

Allerlei Tierknochen dienten dabei den Musikanten als Instrumente für die schauerliche Musik.

Der Teufel durfte nicht fehlen.

So ging unter der Linde das wüste Getobte mit Urian bis zum ersten Hahnenschrei.

Als über den bewaldeten Bergen der neue Tag sich ankündigte, ritt die wüste Gesellschaft heimwärts.

Der Hexenspuk war vorbei.

Ein zweiter Tanzplatz der Hexen lag in einem kleinen Tale, die Hunneberge genannt, südlich über dem Dorfe Immelborn.

Es ist dies der neben der Eselspfütze gelegenen Eselsrasen.

Ein Knecht aus Übelroda gefiel ein dortiges Mädchen sehr und hielt sich immer gerne bei ihr auf. Es verging kaum ein Tag, an dem der Bursche nicht bei ihr aufkreuzte.

Jeden Abend, nach seinem Besuch verabschiedete er sich zuversichtlich, von der ihm Zugeneigten mit den Worten: „Bis morgen!"

„Ja, kommt morgen widder!" war jedes Mal die Antwort darauf.

Am letzten Abend, des vorletzten April geschah dies jedoch nicht. Er erhielt keine Antwort auf sein: „Bis morgen!"

Das fiel den Burschen auf, zumal er sich schon allerlei verdächtige Reden und Gerüchte über das Haus, in dem das Mädchen wohnte, hatte anhören müssen.

Das ließ ihn alles keine Ruhe.

Er beschloss, obwohl er nicht eingeladen war, sich auf dem Weg zu machen, um sich davon zu überzeugen, was an diesem Gerede alles dran war.

Es war die Walpurgisnacht.

Als er ankam, bemerkte er die Unruhe unter den Leuten. Sie standen in einzelnen Gruppen herum und tuschelten aufgeregt leise untereinander.

Das ließ den Burschen natürlich keine Ruhe.

Er wollte wissen, was da dahinter steckte, so stellte er sich müde und schläfrig, streckte sich auf der Bank aus, die in unmittelbarerer Nähe des Hauses stand.

Es dauerte nicht lange und er begann zu schnarchen, dabei hob und senkte sich bei jedem Atemzug sein Brustkorb.

Gegen Mitternacht tauchten Mutter und Tochter auf und überzeugten sich mit einem Blick zur Bank hin, ob der Bursche auch schlafen würde.

Schnarchgeräusche kamen aus dessen Mund, die mit einmal aufhörten.

Erschrocken blieben die beiden stehen und schauten zu ihm hin.

Der Bursche drehte sich jedoch auf die andere Seite und schnarchte weiter.

Da Mutter und Tochter ihn fest eingeschlafen wähnten, schmierten sie sich jetzt erst selbst und dann die Besen und eine Ofengabel mit einer Salbe ein.

Es war die sogenannte „Hexensalbe".

Dies alles beobachtete der angeblich Schlafende auf der Bank durch die halb geöffneten Augenlider.

Seine Täuschung, eines angeblich Schlafenden auf der Bank vorzufinden war ihm trefflich gelungen.

Bald darauf ritten die beiden auf ihren Besen aus dem offenen Fenster des Hauses durch die Luft zu dem Eselsrasen hin.

Der Bursche hatte genug und verließ von Stund an das Haus und das Hexengesindel für immer.

✳

Der Geißbock auf dem Pleß

Der Pleß war schon lange fürstliches Jagdgebiet, als 1866/67 das fürstliche Pleßhaus an der Pleßhauswiese, etwa 1 km nördlich des Gipfels des Pleß errichtet wurde.

Nicht weit von dem fürstlichen Jagdhaus auch *„Pleßhaus"* genannt am Wege nach Rosa steht eine mächtige Eiche. Der mächtige graugrüne Stamm ist rautenförmig geschuppt und fest mit der Erde verwurzelt.

Von der Ferne sieht es ganz so aus, als wolle die riesige Krone des Baumes mit ihren weitausladenden Ästen alle anderen Wesen willkommen heißen oder seine ganze Pracht zur Schau stellen.

Das dies nicht immer so ist zeigt folgende Geschichte.

Am stärksten Ast dieser Eiche hing eines Tages eine männliche Gestalt. Um den Hals die zusammengezogene

Schlinge eines Hanfseiles baumelte die Gestalt im Abend-
wind leicht hin und her.

Es war der Schneider aus Roßdorf.

Keiner aus den umliegenden Dörfern konnte sich im ent-
ferntesten Vorstellen warum nur das, der Schneider gemacht
haben konnte.

Hatte er eine schlimme Tat begangen oder war es aus Lie-
beskummer gewesen?

Es gab sogar welche die behaupteten er wäre umgebracht
worden.

Alles nur Gerede.

So wurde er an Ort und Stelle begraben.

Seit jener Tat verfinsterte sich, jedes Mal am Sterbetag der
nächtliche Himmel.

Hochauftürmende Wolken schoben sich vor die helle
Mondscheibe.

Aufkommender Wind pfiff durch die Baumkrone. Dünne
und dicke Zweige begannen leicht hin und her zu schwingen.

Ein Knarren und Knacken.

Deutlich war das Rascheln der Blätter des Baumes zu hö-
ren.

Plötzlich war der Sternenhimmel verschwunden.

Man konnte die bloße Hand nicht mehr vor den eigenen
Augen sehen.

Von einem fernen Glockenturm klangen Glockenschläge
herüber.

12-mal schlug die Uhr.

Mitternacht.

Aus dem Nichts heraus erschien ein Ziegenbock, der lang-
sam den Eichbaum umkreiste, dann versuchte er, mit allerlei
Kapriolen an diesen emporzusteigen.

Erst kletterte er mit den Vorderbeinen, den Baumstamm empor, bis er nur noch auf den Hinterbeinen aufrecht stand. Trommelte mit den Hufen, wie ein Schlagzeuger gegen den Stamm. Rutschte jedoch ab und stand neben den Stamm.

Das Einzige, was er erreicht hatte, war das sich ein langer Streifen Rinde von dem Stamm löste und durch die Gegend geflogen.

Den Kopf geneigt stand der Ziegenbock da und in seinem Zorn stürmte er mit seinen gewaltigen Hörnern gegen den mächtigen Baum.

Wieder und immer wieder.

Weit war das Dröhnen, der wuchtigen Stöße des wütenden Stieres mit seinem kapitalen Gehörn gegen den Baum zu hören.

Die Seele des armen Schneiders kam erst dann zur Ruhe, als der Baum gefällt wurde.

Andere berichten davon, dass der Geißbock bis auf dem heutigen Tag in den jetzt hier stehenden jungen Fichten, die in den blauen Himmel hineinwachsen, herum lärmt und diese unschuldigen Bäume mit seinem Geweih immer wieder attackiert.

Was ist aber aus dem Pleßhaus geworden. Es wurde 1974 an einen anderen Standort ca. 1,5 km südlich des Bahnhofes Breitungen umgesetzt und trägt seitdem den Namen Gaststätte „Seeblick".

Die Fundamente des alten Pleßhauses an der Pleßhauswiese sind noch gut erhalten und mit einem Blechdach vor dem Verfall gesichert.

*

Die drei Ritter vom Pleß

Es war ein wunderschöner Tag, der sich geradezu dafür anbot hinaus in die freie Natur zu gehen. Die Sonne sendete ihre hellen Strahlen vom azurblauen Himmel. Nirgends war nur ein Wölkchen zu sehen.

Dies nutzte ein junges und schönes Mädchen, um hinauf auf den Pleß zu laufen. Hier oben, wohin man auch schaute, wuchsen die Beeren zu Hauf.

Beim Sammeln der Beeren achtete das Mädchen nicht mehr auf den rechten Weg und tanzte leichtsinnig geworden über die grüne Wiese, dicht am Waldesrand entlang.

Pleß

Mal leises Rascheln, dann ein Fiepen wie von jungen Mäusen, aufgeschreckt durch das übermütige Wesen, war aus dem Gebüsch zu hören. Die viel stimmigen Geräusche der Natur, also nichts Befremdliches.

Der Korb, den sie bei sich trug, war bereits über die Hälfte mit Walderdbeeren gefüllt.

Dann ging alles sehr schnell.

Wie Schatten tauchten plötzlich drei geharnischte Ritter ohne Kopf zwischen dem dichten Gebüsch auf und sprengten hoch zu Ross auf sie zu.

Aufgescheucht flogen im nahen Waldstück die Vögel durch die Luft, ließen sich aufgeregt auf einen der Bäume nieder und schauten mit schräggehaltenen Kopf neugierig auf das Treiben herab.

Zitternd vor panischer Angst und bleich im Gesicht schaute das Mädchen den kopflosen Männern entgegen.

Der Mittelste, der auf einen Braunen saß, hielt sein Pferd kurz an und betrachtete das sich ihn bietende Bild.

Vor Schreck erstarrt, stand ein hübsches Mädchen vor ihm.

Dann näherte er sich ihr, ergriff die regungslos Dastehende und riss diese abrupt vor sich auf sein Pferd.

Der erste Schreck hatte dem Mädchen die Kehle zu geschnürt. Sie bekam kein Wort über die Lippen.

Im wilden Galopp ging es zur Pleßkuppe hin.

Auf den Weg dahin überwand das Mädchen endlich ihre Angst und sie begann wieder klar zu denken.

Und was machte das Mädchen da?

Sie bekehrte sich in ihrer Angst und wandte ihr Herz Gott zu. Laut fing sie an zu beten.

Abrupt hielten die Reiter in ihren rasenden Galopp an und der Ritter auf dessen Pferd das Mädchen saß, setzte dieses mitten im Wald auf den Erdboden ab.

So plötzlich wie die Ritter aufgetaucht waren, verschwanden sie wieder.

Die Strahlen der untergehendenden Sonne tauchte die Landschaft, als wäre nichts gewesen, in ihr wärmendes Licht.

Der kühle Wind, der aus Nordosten aufkam, ließ das Mädchen auf dem Heimweg frösteln. Sie zog ihre Strickjacke fest vor dem Körper zusammen.

Der nächtliche Leichenzug auf dem Pleß

Die Sonne war hinter dem Horizont verschwunden und es fing bereits an zu dämmern als sich zwei Brüder von Roßdorf, nach kurzem Überlegen entschlossen nicht die übliche Landstraße, sondern einen schmalen Pfad über den Pleß zu nehmen.

Der Weg war wesentlich kürzer und sie hofften noch vor Mitternacht bei ihren Liebsten zu sein.

Sterne funkelten am Himmel und der Vollmond tauchte die Landschaft in ein diffuses Licht.

Zügig schritten die zwei Brüder aus Roßdorf mit weit ausholenden Schritten dahin, ohne dabei auf ihren Weg zu achten.

Im Gedanken waren sie bereits bei ihren Frauen, die voller Ungeduld auf sie warteten.

Kühler Wind war aufgekommen und trieb am Himmel undurchsichtige, schleierhafte Wolkenfetzen vor sich her. Das

Licht des Vollmondes war durch den dichten Dunst nur als fahles Glimmen zu erahnen.

Beängstigend still war es ringsum.

Mit einmal schienen die Bäume und Sträucher zum Leben zu erwachen.

Dort ..., das sah wie eine Vogelscheuche aus und hier, ein Gespenst schien über dem nächsten Gebüsch zu schweben.

Die Feuchtigkeit der Luft kroch übers Land, setzte sich überall fest, verbreitete Unbehagen.

Alles war unheimlich und gespenstisch.

Unwillkürlich schüttelten sich beide Brüder gleichzeitig, nicht vor Kälte, sondern eine ungewisse Furcht beschlich sie.

„Irgendwie unheimlich ist mir mit einmal", flüsterte der eine seinen Bruder zu, dabei sich vorsichtig nach allen Seiten umsehend.

„Dafür gibt es doch überhaupt keinen Grund. Was soll uns denn hier schon passieren und wer wollte uns hier etwas antun", redete der andere Bruder beschwichtigen auf ihn ein.

Plötzlich zuckten die beiden Brüder zusammen.

Irgendetwas schien sie, in die reale Wirklichkeit zurückgerufen haben.

Da war etwas.

Das sie schreckhafte Typen war, konnte man nicht sagen, aber ein Schauer schien sie gepackt zu haben und ihre Herzen hämmernden wie rasend.

Ja, da war etwas.

Wurden sie vom eine Trugbild genarrt?

Nein!

In geringer Entfernung tauchte ein eindrucksvoller Leichenzug auf.

Er schien aus dem Nichts zu kommen.

Am liebsten wären die Brüder, in diesem Moment, wie kleine Feldmäuse in ihren Löchern verschwunden, so hatten sie sich erschrocken.

Lautlos kam der unheimliche Leichenzug näher und näher. Zog in unmittelbarer Nähe vorbei, ohne dass die Trauernden von den beiden Brüder irgendwelche Notiz genommen hätten.

Immer noch standen die Brüder wie angewurzelt auf der Stelle und folgten mit ungläubigen Blicken, was da an ihnen vorbeizog.

Voran ging der Chorknabe mit dem Kreuz. Da hinter kamen die Schulkinder, der Pfarrer und die Chorsänger. Ihnen folgte die auf gepaarte Leiche, getragen von sechs schwarz gekleideten Gestalten. Anschließend ein langer Zug Männer und Frauen in Trauerkleidung.

Ungläubig blickend, rieben die beiden Brüder ihre Augen und schauten entgeistert dem langen Trauerzug nach, wie er im nahen Waldrand zwischen den Bäumen Richtung der Pleßkuppe verschwand.

Erst jetzt kamen die Brüder wieder zu sich. Sie schauten sich an und der eine von ihnen sagte: „Was war das denn?

„Ich weiß es nicht!" kam prompt die Antwort.

Entgeistert blickend schauten sie zum nahen Waldrand hin, der still und verlassen im hellen Mondlicht da lag.

Von dem Spuk war nichts mehr zu sehen.

Er war verschwunden.

Ein anderes Mal soll sich um dieselbe Tageszeit, am gleichen Ort, ganz dasselbe Schauspiel wieder holt haben, so sagt man jedenfalls.

*

Die weiße Frau am Bädelesbrunnen auf dem Pleß

s war im Monat Oktober, allgemein die Hauptsammelzeit für die Bucheckern.

Da machte sich ein Bauer aus Rosa mit seinen Kindern auf, zum Pleßwald hin.

Hier standen zahlreiche Rotbuchen.

Eine neben der anderen.

Das Ziel des Bauern mit seinen Kindern war es von den Zweigen, der Mutter des Waldes, wie die Buche auch noch von den Forstleuten genannt wurde, die reifen Bucheckern abzuschütteln.

Als sie den Buchenwald erreichten, mussten sie feststellen, dass bereits zahlreiche Bucheckern unter den Bäumen lagen und sich die Fruchtbecher teilweise aus ihren Fruchtkernen gelöst hatten.

„Seht meine Kinder", sprach der Vater. „Heute brauchen wir die Eckern nur noch aufzulesen".

„Aber ich wollte sie doch von dem Baum abschütteln", sprach der eine Knabe.

„Das kannst du doch machen, obwohl nicht mehr viele daran hängen".

Sofort machte sich das Kind daran, an den herabhängenden Zweigen kräftig zu schütteln.

Prasselnd viele die restlichen Bucheckern zur Erde.

Der Vater drehte sich um, um nach seinem anderen Kind zuschauen. Da gewahrte er von der Buche aus, an der Stand in der Nähe des Bädelesbrunnen auf einem Baumstamm eine weiß gekleidete Weibsperson sitzen.

Auch der Junge, nach dem sich der Bauer umgesehen hatte, erblickte die Frau.

„Vater ist das nicht die alte Schulrös von Helmers", rief dieser.

„Das kann schon sein. Man erzählt sich im Dorf, dass sie sich dann und wann ein wenig vornehm kleidet".

Neugierig geworden schritt der Knabe auf die Frau zu, die da seelenruhig auf den Baumstamm saß.

Wenige Schritte entfernt blieb der Junge erschrocken stehen. Entsetzt war er beim näheren Betrachten der Frau zusammen gefahren.

Er konnte es nicht fassen.

Die weiß gekleidete Frau sah viel bleicher aus als die alte Schulrös und schaute traurig in die Welt.

Betroffen schrie der Junge: „Herr Jesus! Vater, wer ist denn die da?"

Aber kaum war der Ruf über die Lippen gekommen, als das Weibsbild alsbald verschwunden war.

Der Wanderer am Bädelesbrunnen

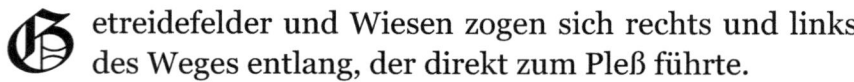

etreidefelder und Wiesen zogen sich rechts und links des Weges entlang, der direkt zum Pleß führte.

Die Sommergerste reifte, der Roggen ließ die Ähren hängen und die Kartoffeln schmückten sich mit lichten Blumen.

Die Wiesen waren übersät mit Gänseblümchen.

Wie lauter Sterne schauten sie aus dem grünen Gras hervor.

Der Wanderer hatte es nicht mehr weit bis zum Pleß. Er ließ sich auf einem umgefallen, schon morschen Baumstamm, der am Rande des Weges lag, vorsichtig nieder.

Er schaute dem Weg entlang, der in einem weiten Bogen im Gestrüpp des Waldes verschwand.

Für einen kurzen Moment wollte er nur eine kleine Verschnaufpause einlegen und schloss für einen Augenblick die Augen.

Ein Geräusch, das aus dem Waldesinnere zu kommen schien, ließ ihn sofort wieder auffahren.

Fußschritte waren es, die immer näher kamen.

Wer konnte das sein?

Er glaubte seine Augen nicht trauen zu können als eine weiß gekleidet, schöne Jungfrau auf dem Weg vom Walde her auf ihn zu kam und sich einfach zu ihm auf den Baumstamm setzte.

Er schaute die Jungfrau von der Seite her an, traute sich aber nichts zu sagen.

Was war denn nur mit ihm heute los?

Er war sonst nicht so schüchtern.

Ohne ein Wort zu wechseln, saßen beide schweigen nebeneinander.

Der Wanderer wusste nicht mehr wie lange sie so da gesessen hatten, als sich die Frau erhob und ihm zuwinkte ihr zu folgen.

Jetzt zu dieser Jahreszeit wuchsen die Zweige und Büsche über den Rand des Weges.

Sie trafen sich fast in der Mitte und streiften die Vorübergehenden an ihren Beinen.

Bereits der leiseste Windstoß trieb den feinen Staub des Waldweges in langen Fahnen hoch und legte sich rechts und links auf das Gras, das Gebüsch und die Kleidung der jetzt zügig dahinschreitenden.

Die Sonne schielte immer wieder hinter den Wolken hervor, durch das dichte Blätterdach der Bäume blinzelte das Himmelslicht.

Bald darauf kamen sie am Bädelesborn an.

Die Jungfrau zog einen Schlüssel hervor, öffnete eine Pforte und winkte abermals dem Wanderer zu.

Dieser folgte ihr und stand nach wenigen Schritten in einem großen Gewölbe.

Eine geheime Welt tat sich da vor ihm auf. Wand und Decke glitzerten wie mit Silber beperlt. In der Mitte stand ein großer Kupferkessel, bis zum Rande gefüllt mit blinkenden Geldstücken.

Bei dem Anblick der unermesslichen Schätze Goldes und Silber, die gegenüber an der Wand aufgestapelt lagen, vergaß er sich.

Vor freudigen Erschreckens kam ein „Ei, herrje!" über seine Lippen.

Was war das?

Verdutzt schaute er um sich. Er stand mit einmal in einen leeren Raum.

Alles war verschwunden und von dem Schatz keine Spur.

Und nicht nur das, der arme Mann saß im nächsten Moment wieder einsam auf seinem Baumstamm am Wege.

Von der breiten Eiche und den „wölle Lechern" (wilden Löchern) auf dem Pleß

Auf dem Pleß stand eins eine Eiche auf kargen und sandigen Boden.

Sie wuchs und wuchs und hörte überhaupt nicht mehr auf zu wachsen.

Mit ihren immergrünen Blättern bildete sie eine riesige Krone.

Ein ausdrucksvoller Anblick.

Die *„breite Eiche"* wurde sie genannt und war der mächtigste Baum im ganzen Forst. Solche Bäume sollten schon mal ein Alter von 1.000 Jahren erreicht haben.

Mit einer Größe von über 35 Metern war sie schon aus der Ferne zu sehen.

Die verzweigten Äste, die ein sehr dichtes Blätterdach bildeten, boten im Sommer den vorüberziehenden Wandersmann immer ein schattiges Plätzchen an.

Die beschädigten und daher abgestorben Äste, die zwischen den spiralig an den Zweigen angeordneten Laubblättern hervorlugten, gaben der Eiche einen mystischen Eindruck.

Die Jesuiten nutzten die Eiche für ihre Zwecke und brachten manchen Poltergeist hier her um diesen im unteren Bereich des Stammes, wo keine Äste vorhanden waren verschwinden zu lassen.

Leute die an der riesigen Eiche am Tage, aber auch nachts vorübergingen, hörten oft ein klopfen, wimmern und stöhnen.

Es waren die Geister, die im Stamm rumorten.

Nicht weit von der Eiche und dem Pleßhaus liegen die *„wölle Lecher"*. Es sind enge Schluchten, wo dicht wachsendes Gestrüpp mit ihren Zweigen und grünen Blättern, die steilen Wände vollständig verbergen.

Auch hier her wurden die Poltergeister von den Jesuiten geschleppt und in das Gestrüpp festgebannt.

Ihr glaubt es kaum.

Aus jeder Hecke und hinter jeden Stock soll heutigen Tages noch ein Spukgesicht heraus schauen um die armen Leute, die dort Holz auflasen, zu erschrecken.

Ein Tagelöhner aus Salzungen, der hier Stuppen gerodet hatte, spaltete dieselben zu Holzscheiten unter seinem Fenster vor dem Tor.

Als er eben den Keil eintrieb, um den Wurzelstock zu spalten, blickte in plötzlich ein kleines graues Männlein aus dem Holzblock heraus an.

Vor Schreck ließ der Mann sein Werkzeug fallen und starrte den Gnom überrascht für einen Moment bewegungslos da stehend an.

Das kleine graue Männlein nutzte diesen Moment, sprang aus dem Klotz heraus und verschwand geschwind im Haus des Tagelöhners.

Ehe der Tagelöhner sich von seinem Schrecken erholt hatte, guckte der kleine Mann schon durch die runde Scheibe der Wohnstube.

Der Troll schnitt ihm allerlei Gesichter und trieb im Hause solange Unfug, bis er durch einen Geisterbanner eingefangen und wieder in die *„wölle Lecher"* verbannt wurde.

Von dem Jungen aus der Seidenmühle

Zur Zeit des Dreißigjährigen Krieges, als die Kaiserlichen und besonders die Kroaten in die Vorberge der Rhön sengend und brennend eindrangen, machten sie auch um Roßdorf keinen Bogen.

Auf keinerlei Gegenwehr treffend drangen die wilden Horden in Roßdorf ein und fluteten durch die engen Gassen und Straßen. Türen ungestüm aufbrechend drangen die rohen Kerle gewaltsam in die Häuser ein.

Wer Widerstand leistete, wurde niedergestreckt, die Augen ausgestochen, Arme und Beine entzweigeschlagen, Ohren und Nasen abgeschnitten und noch viel anderes Schreckliches mehr.

Krachend zersplitterte aus dem Fenster geworfenes Mobiliar, Becher und Teller landete auf der Straße.

Wer sich von der Bevölkerung nicht rechtzeitig in Sicherheit brachte, wurde niedergehauen, erstochen oder gar erschossen.

Hier und dort züngelten auf den Dächern der Häuser blaugelbe Flämmchen auf, fraßen sich durch das Holz, wurden schließlich zu roten Flammenzungen, die sich gierig des morschen Gebälks bemächtigten.

Die sich rasch ausbreitenden Flammen fanden in dem trockenen Holz der Verschalungen reichliche Nahrung.

Lichterloh prasselte es in die Höhe.

Klirrendes Bersten.

Das aus den Häusern klingende Knacken und Knistern, das Brechen von Holz und Mauerwerk war bis in den Nesselgraben auf dem Nebel zu hören.

Bei dem herrschenden Wind standen bald zahlreiche Häuser in Flammen.

Einem einzigen Menschkind, einen Jungen aus der Seidenmühle gelang es sich vor der Zerstörung und dem Niedermetzeln in Sicherheit zu bringen.

Mit einem Topf gekochter Erbsen flüchtete er in den Nesselgraben, einer südlich von Roßdorf gelegenen und starkbewaldeten Höhe.

Hier lebte er versteckt von den mitgenommenen Erbsen und den Walderdbeeren.

Unentdeckt beobachtete er von hier aus das Geschehen.

Fahlroter Lichterschein zuckte über die Gesichter der Brandstifter, die Triumphgeheul ausstoßend weiter jagten.

Als endlich auch der Letzte des scheußlichen Kriegsvolkes abgezogen war, traute er sich aus seinem Versteck hervor.

Der Junge aus der Seidenmühle wurde später der Stammvater der jetzigen Roßdorfer Einwohner.

Vom Nebel geht auch die Sage, dass es jedes Mal vor einem Gewitter in seinem Inneren arg brausen und toben soll.

Von den Wichteln in Roßdorf

Das zweistöckige Wohngebäude von Geysoschen Schloss wurde um 1600 erbaut.

1710 kaufte Johann Leopold von Geyso das Gut zu Roßdorf.

Die von Geysos waren ein altes Rittergeschlecht aus Mansbach bei Philippsthal.

Wenig später baute der Schloßherr den Turm an der Vorderseite an.

Die Geysos bewohnten das Schloss bis Mitte des 19. Jh.

Es wurde 1881 an den Industriellen Wenzel aus Alexisbad verkauft.

Rund 650 Quadratmeter Geschichte.

In dem jetzt abgerissenen Teile des Geysoschen Schlosses zu Roßdorf führte vom Kellergewölbe eine Steinwendeltreppe hinauf in den markanten Treppenturm.

Über eine weitere Treppe erreichte man das zweite Stockwerk, wo sich eine mit Steinen nobel hergerichtete Gesindestube befand.

Auf dieser Treppe kamen die Wichtelmännchen mit ihren Frauen aus dem Keller herauf, oft schon vor Tagesanbruch um dem Gesinde wohlwollend bei der Arbeit zu helfen.

Auch wenn das Gesinde noch schlief und sich noch nicht von ihrem Lager erhoben hatte, begannen sie mit ihrer Arbeit.

Ehe man es sich versah, war das Haus blank geputzt, das Vieh gefüttert, die Kühe gemolken und alles für den Tag in Ordnung gebracht.

Das Gesinde ließ ihnen dafür gern den Rest des Abendbrotes, und stellte den Kleinen noch einen Napf Milch mit bei.

Die kleinen Menschen zeigten sich dafür jedes Mal noch besonders dankbarer.

Mitunter kamen sie auch des Nachts die Treppe herauf und sie führten die zierlichsten Tänze in der Gesindestube auf.

Die Männchen trugen kleine Dreimaster, rote Röcke, kurze weiße Hosen, lange Strümpfe und Schuhe mit gewaltigen hohen Absätzen.

Die Weibchen dagegen eine kleine zweiteilige Schnepphaube und weiße Röcke.

Ein altes Fräulein von Geyso nannte die Kleinen den Segen des Hauses Geyso und bemerkt dabei, solange sich die Wichtelmännchen im Schlosse zeigen, würde die Familie glücklich sein.

Seitdem jedoch dieser Teil des Schlosses abgerissen wurde, weiß Niemand, wo das kleine Völkchen hingekommen ist.

*

Vom Quirinsküppel bei Roßdorf

Um Quirinus' Leben ranken sich viele Legenden, es gibt jedoch keine gesicherten historischen Quellen.

Nach seiner im 6./7. Jahrhundert verfassten Passio, die auf einer feierlichen Messe vorgelesen wurde, war er als römischer Tribun Gefängniswärter des heiligen Alexander und konvertierte zusammen mit seiner Tochter Balbina zum Christentum.

Unter Kaiser Hadrian wurde er als Christ verfolgt und enthauptet.

Seine Verehrung verbreitete sich rasch über ganz Europa.

Neben Hubertus, Cornelius und Antonius, dem Einsiedler, gehört er zu den *Vier heiligen Marschällen*.

Auf dem Hügel im Schlossgarten zu Roßdorf soll einst eine dem heiligen Quirinus geweiht Kapelle gestanden haben.

Unter dem Hügel soll es noch einen Keller geben. Aus diesem Keller sollte dann und wann eine weißverschleierte Jungfrau immer so um Mitternacht hervorgetreten sein.

Um die Hüfte trug sie einen breiten, schwarzen Gürtel.

Langsam ging sie dann immer den Gartenweg entlang, der bis in die Nähe des Teiches führte.

Hier wo einst zwei Silberpappeln standen, blieb sie stehen.

Sie wartete und wartete. Aber es kam niemand.

Dann schlug die nahe Turmuhr eins.

Kaum war der Glockenschlag verklungen seufzte die Frau, machte kehrt und ging betrübt den gleichen Weg zurück in den Keller, aus dem sie gekommen war.

Zu dieser Zeit soll sich einstmals der sogenannte Stottermüller aus der Eckenmühle zu nächtlicher Stunde an den Bach in den Garten geschlichen haben.

Der hier fließende Bach war das Wasser für beide Mühlen, die hier standen.

Der Stottermüller beabsichtigte den Verlauf des Baches so zu verändern, dass das gesamte Wasser nur zu seiner Mühle hinfloss.

Er wusste das, dass unrechtmäßig war.

Als er die Stelle am Bach im Garten erreichte, wo er das Wasser umleiten wollte, stand plötzlich die weiße Jungfrau vor ihm.

Sie blickte ihn mit einen ernsten und strengen Gesichtsausdruck an.

Entsetzen ergriff den Stottermüller.

Er ergriff die Flucht, nur fand er sich mit einmal im Garten nicht mehr zurecht.

Vergeblich versuchte er, den Weg aus den Garten zu finden.

In seiner Ausweglosigkeit und in seiner Angst sprang er über die hohe Mauer.

Er stürzte hin, stand mühsam wieder auf und erreichte bleich und am ganzen Leibe zitternd die Wohnung des Verwalters.

*

Vom Hexenmeister zu Roßdorf

„Meine Mutter", begann einer aus Roßdorf. „Hat uns Kinder gar oft erzählt, dass in unserem Orte früher eine Person lebte, die mehr konnte als nur Brot essen".

„Na, was konnte sie denn?", wollte zugleich ein ganz Neugieriger wissen.

„Wenn sie es wollte, konnte sie sich und andere unsichtbar machen. Diebe hatten bei ihr keine Chance. Sie war imstande diese auf der Stelle festzubannen", setzte der Roßdorfer seine Erzählung fort.

„Davon habe ich aber noch nichts gehört!"

„Ich auch noch nicht!"

„Du erzählst doch uns ein Märchen", meinte ein Dritter.

„Das ist freilich schon lange her, denn meine Mutter war voriges Jahr, als die Ernte eingebracht wurde 82 Jahre alt und zu jener Zeit, wo der Hexenmeister lebte, war sie noch ein blutjunges Mädchen".

„Das ist wirklich schon lange her!", bemerkte einer der Zuhörer.

„Meine Mutter und noch fünf bis sechs ihrer Freundinnen nahm der Hexenmeister einmal mit in's Holz in den Wiesentaler Forst. Dort musste sich eines der Mädchen hinter einem Baum auf die Lauer stellen und sofort Bescheid sagen, wenn der Förster kommen sollte. Dann ging es an die Arbeit. Es war eine wahre Lust zu sehen und zu hören, wie die dicksten Äste krachend zerkleinert wurden. Sie hatten bald dick satt Reisig auf einen Haufen zusammengetragen und wollten es eben zu Bündeln zusammenbinden. Da kam die Kleine vom Posten her und rief: ,Der Förster! Der Förster!' Der Hexenmeister aber lachte nur, hieß die Mädchen sich im Kreis, um ihn herumzustellen und verbot ihnen, auch nur einen Mucks verlauten zu lassen, egal was der Förster auch machen sollte."

„Ja und was soll das alles ?", wurde er von einem der Zuhorchenden unterbrochen.

„Darauf reckte der Hexenmeister die Arme über sie aus und brummte allerlei unverständliche Worte. Still standen sie wie Mäuschen, als der Förster kam. Kein Laut kam über ihre Lippen."

„Hat der Förster sie wirklich nicht gesehen?"

„Du hättest mal den Förster hören sollen, Flüche und Donnerwetter regnete es herab, als er die Verwüstung gewahr wurde. Ich glaube, er hätte sie alle massakriert, wenn der Alte sich und die Mädchen nicht unsichtbar gemacht hätten. So aber musste er, obgleich sie ihm dicht vor der Nase standen, mit einem Bauch voller Ärger wieder abziehen. Die Mädchen trugen ihr Gebündeltes Heim, ohne das der Förster je etwas mit bekommen hat."

Einmal war der Alte aber auch auf die Mädchen wütend geworden und hatt sie gerügt.

Dies hatte folgende Bewandtnis.

Die Mädchen war in die Kirschen gegangen und wie es nun mal bei so jungen Mädchen ist, waren sie auf die Kirschbäume geklettert.

Kaum saßen sie auf den Bäumen, da mussten sie feststellen, dass sie festsaßen und nicht wieder Heruntersteigen konnten.

Was war geschehen?

Der Bann des Hexenmeisters hatte bereits gewirkt, Diebe auf der Stelle festzuhalten.

So mussten sie die ganze Nacht hindurch auf den Bäumen sitzen bleiben.

Da half auch kein Heulen und Jammern.

Als der Alte am nächsten Morgen zu seinen Kirschbäumen kam, bemerkte er die Kirschdiebe.

Zuerst tat er so, als ob er sie nicht sehe.

Er ließ sie noch eine ganze Weile zappeln, dann erst löste er den Bann und schickte die Mädchen darauf mit einer gehörigen Maßregelung und den Worten: „Wäret Ihr's nicht, so hätte ich Euch bis zum jüngsten Tag da droben sitzen lassen", nach Hause.

Ein Glück für die Mädchen aber war es, dass er gerade nicht die gleichen Kleider trug, die er auf dem Leibe hatte, als er den Bann aussprach, sonst hätten sie noch so lange warten müssen, bis er wieder diese angezogen hatte.

Denn in anderen Kleidern kann so einer den Bann nicht lösen.

*

Vom Totenkeller zu Roßdorf

Einer der Keller unter dem von Geyso'schen Schlosse zu Roßdorf wird heute noch der Totenkeller genannt.

In dem erwähnten Schloss lebten zu Zeiten als die Familie von Eschwege, in Roßdorf noch zahlreiche Grundstücke besaß, auch zwei Schwestern dieses Stammes.

Die beiden Schwestern machten alles gemeinsam.

Jede von ihnen wusste von der anderen alles.

Es gab keine Geheimnisse zwischen den beiden.

Sie liebten sich so sehr, dass sie eines Tages feierlich gelobten, im Leben aber auch im Tode immer zusammenzuhalten und sich nie zu verlassen.

Es kam der Tag, wie konnte das auch anders sein, da starb eine von beiden.

Was machte da die andere?

Nach der Trauerfeier ließ die Schwester, die Verstorbene in einen Sarg betten und diesen in einem Keller unterbringen. In den benannten Totenkeller.

Hier ließ sie den Sarg an zwei starken eisernen Haken aufhängen.

Täglich besuchte sie hier, ihre im Sarg liegende Schwester.

Am Sarg stehend erzählte sie der Toten dann immer und immer wieder von ihrer fortdauernden Liebe.

Eines Tages war es dann auch letztendlich für die Schwester so weit, ihrer Schwester ins Jenseits zu folgen.

Beide Schwestern wurden in der Kirche zu Roßdorf beigesetzt. Jetzt waren sie im Tode für immer vereint.

Vom Federhänschen, von dem Schmied und der Hexe zu Roßdorf

Es war zu einer Zeit als in Roßdorf mit einem eirunden, nach unten gewölbten Geflecht aus Ruten, Biesen, Stroh oder auch dünnen Holzspänen, die Spreu und der Staub durch hin- und herschwingen und aufwerfen des Inhalts von dem Körper weggeweht wurde.

Man nannte das Trennen der ausgedroschenen Getreidekörner von der Spreu damals auch *„wannern"*.

Eine Menge Hexe soll es zu dieser Zeit in Roßdorf gegeben haben, unter ihnen ein Weibsbild, welches auf einmal steinreich wurde.

Man munkelte allerlei.

Endlich kam es heraus, dass sie sich dem Bösen als Liebste in die Arme geworfen hatte.

Der eine und der andere hatte beobachtet, wie Federhänschen, denn so hieß der Teufel, des Nachts zu der Hexe durch den Schornstein, einen glühenden Schweif hinter sich herziehend, gefahren war.

Aber der Teufel müsste nicht der Teufel sein, wenn er die Hexen so ungeschoren davonkommen ließe.

Um sich einen Spaß zu machen, soll er sie sogar oft gepeinigt haben.

Und so ging es auch unserer alten Hexe.

Der Teufel bestellte diese eines Tages zu sich hinaus ins Feld. Dort verwandelte er sie, ehe sie es sich versah, in einen Schimmel mit Sattel und Zaumzeug. Der Satan schwang sich in den Sattel und ritt als vornehmer Kavalier nach Roßdorf vor die Schmiede.

Hier band er den Schimmel, an einem Pfosten, vor der Werkstatt an.

„Ich begrüße Sie, was wünscht der Herr?", mit diesen Worten trat der Meister dem Ankömmling entgegen.

„Können sie meinen Klepper vier neue Hufeisen auflegen?"

„Natürlich kann ich das!"

Als dies der Schimmel hörte, ließ er die Ohren hängen, klemmte den Schwanz ein, schwitzte und zitterte am ganzen Leibe. Kurz es schien gewaltige Angst über das arme Tier gekommen zu sein.

Dem Schmied, dem so etwas noch nicht vorgekommen war, machte große Augen und zögerte.

Der Kavalier ließ dem Schmied jedoch keine Zeit zum Überlegen und befahl ihm kurzerhand: „Mach er sich rasch ans Werk. Ich habe keine Zeit zum langen Warten!"

Doch als der Meister das erste Eisen auflegen wollte, stutzte und zauderte er aufs Neue, denn solch sonderbaren Huf hatte er noch nie gesehen.

Er schüttele bedenklich den Kopf und nahm den vornehmen Gesellen fest ins Auge.

Der aber lachte wie der leibhafte Teufel und befahl dem Schmied: „Was ist nun, will er nicht fortfahren".

Dieser hatte nun genug und tat, was ihm befohlen wurde.

Als er aber mit der Arbeit fertig war und Federhänschen ihm einen vollen Geldbeutel in die Hand drücken wollte, wies er denselben mit dem Worten zurück: „Will kein Handgeld von Euch, habe das Werk umsonst getan".

Federhänschen steckte sein Geld lachend wieder ein, band den Schimmel los, schwang sich in den Sattel und galoppierte durch das Dorf davon, dass die Funken flogen.

Nur verließ er das Dorf nicht. Es ging Gasse auf, Gasse ab, bis die Nacht hereinbrach.

Erst flog ein Hufeisen davon, dann ein zweites und schließlich das Dritte. Als das letzte Hufeisen davon flog, brach der Schimmel zusammen.

Federhänschen machte sich lachend aus dem Staube.

Die Hexe aber fand man am anderen Morgen todkrank und wie zerschlagen in ihrem Bette.

Blutig die Hände und Füße.

„Woher hast du die Verletzungen?", wurde sie immer und immer wieder gefragt.

„Diese Verletzungen habe ich mir nachts auf dem Hofe geholt. Ich bin in der Dunkelheit in eine Dornenhecke gefallen", war stets die gleiche Antwort.

Die Leute wussten es aber besser, was da für Dornen drin gesteckt hatten.

Vom Trolldeink bei Roßdorf

Unter der Stoffelskuppe, ebenso an dem Rosabache in und bei Roßdorf, trieb sich ein Spuk herum, *„das Trolldeink"* genannt.

Besonders zur Adventszeit trieb er hier sein Unwesen.

Schrecklich sah *„das Trolldeink"* aus.

Er war von der Größe eines Kalbes, hatte zottiges Haar und große feurige Augen.

Besonders nachts lauerte er gerne seine Opfer auf und ließ dann seinen Übermut an den Vorbeikommenden aus.

Näherte sich ihm zu nächtlicher Stunde ein Wandersmann oder auch eine andere Person, konnte dieser gewiss sein, dass der Trolldeink wieder ein willkommenes Opfer gefunden hatte.

Das zottige Wesen zischte mit einem großen Satz durch die Luft und griff mit seine langen Armen nach den Vorbeikommenden.

Schon saß er auf dessen Rücken.

Einen Schrei ausstoßen, fuhren die meisten Leute leichenblass und mit erschauernden Gliedern zusammen.

Der eine sofort, der andere etwas später versuchte sein Heil in der Flucht zu finden.

Wild schlug ihnen dabei das Herz bis zum Hals.

Und nicht nur das, der Trolldeink wurde von Schritt zu Schritt schwerer und schwerer.

Die Knie des Flüchtenden begannen vor Anstrengung zu zittern.

Der Trolldeink kannte kein Erbarmen.

Rote Kreise drehten sich vor den Augen des Geschundenen.

Endlich ließ der Trolldeink von seinem Opfer ab. Sprang von der Schulter und verschwand in der Nacht.

Erschöpft blieben die Misshandelten stehen.

Sich langsam erholend setzten sie ihren Weg fort und konnte nicht so recht glauben, was mit ihnen soeben geschehen war.

Vom Wechselgeld, welches eine Roßdorferin erhalten hat

Ein Mädchen von Roßdorf machte sich auf den Weg nach Schwallungen, um dort von ihrem Vetter Geld für ihre Mutter zu holen.

Der Vetter zählte dem Mädchen das Geld vor und ließ anschließend von ihr das Geld nachzählen, ob es auch stimmte.

Das Geld stimmte auf den Groschen.

Nach Hause angekommen zählte sie der Mutter das Geld vor und glaubte, sich verzählt zu haben.

Es war ein Groschen zu viel.

Das konnte nicht sein.

Sie zählte noch einmal das Geld und wieder hatte sie einen Groschen mehr.

Hier ging etwas nicht mit rechten Dingen zu.

Jetzt nahm die Mutter das Geld in die Hand und begann es zu zählen.

Groschen für Groschen legte sie auf den Tisch.

Was kam dabei heraus?

Siehe da, die Summe hatte sich wieder um einen Groschen vermehrt.

Die Mutter schüttelte mit dem Kopf und murmelte vor sich hin. „Das kann doch nicht wahr sein?"

„Du siehst doch Mama, es ist schon wieder ein Groschen zu viel, ob ich es zähle oder ob du es zählst", kam es nachdrücklich über die Lippen der Tochter.

Kurz entschlossen strich die Mutter das Geld in den Beutel und ging zum Nachbarn, denn sie wusste, dass er ein benibelter Kaufmann war.

„Kannst du bitte noch mal nachzählen wie viel Geld in dem Beutel ist?"

„Du kannst wohl nicht mehr bis drei Zählen?", erwiderte der Nachbar und lächelte dabei.

„Doch das kann ich. Aber irgendetwas stimmt hier nicht".

Ohne ein weiters Wort zu verlieren zählte der Nachbar nach, dabei legte er jeden Groschen einzeln auf den Tisch. Ihr werdet es nicht glauben diesmal waren es sogar vier Groschen zu viel.

„Das kann doch nicht sein!" schimpfte der Nachbar los. „Ich habe mich noch nie verzählt!"

Da fiel es Mutter und Tochter wie Schuppen von den Augen, sie wussten in diesen Moment, womit sie dran waren.

„Las gut sein", wandte sich die Mutter an den Nachbarn. „Ich weiß jetzt Bescheid!"

Sie strich das Geld in den Beutel und bedankte sich beim Nachbarn für seine Hilfe. Das Handgeld wollten sie jetzt nicht mehr, denn es war von Federhänschen.

Zu gleich wandten sie sich vom Nachbarn ab und ließen den erstaunt Blickenden einfach stehen.

„Dankeschön! Gern geschehen!", rief dieser, denen sich schnell entfernenden zwei Weibsbildern hinterher.

Die beiden hatten sich auf den Weg nach Schwallungen gemacht, denn sie wollten so schnell wie möglich das Geld zurückbringen.

Der Vetter aber lachte und war froh, dass er des Teufelshandgeld wieder in seinen Händen hielt.

Einer alten Botenfrau von Salzungen ging es gerade so.

Sie erhielt ebenfalls eine bestimmte Summe Geldes. Die aber nahm sich Zeit beim Zählen des Geldes.

Mit Erstaunen musste sie zum Schluss feststellen das fünf Gulden übrig blieben.

Das war ihr noch nie passiert.

Hatte sie sich etwa verzählt?

Erneut zählte sie nach, und wieder dasselbe Ergebnis.

Die Botenfrau konnte dies überhaupt nicht begreifen.

Ihr wurde angst und bange.

„Da hat doch der Teufel die Hände im Spiel. Das Geld muss aus dem Haus", murmelte sie vor sich hin.

Und was machte die Botenfrau?

Sie schaffte das Geld zum Bäcker und bezahlte damit die noch offenen Rechnungen für das bereits mit genommene Brot.

Aber woher kam nun das Geld?

Das Geld hatte die Botenfrau von einem alten Geizhals als Wechselgroschen erhalten.

Der liederliche Geselle von Rosa an der Stoffelskuppe

Eines Tages schritt ein junger Bursche von Rosa, der ein liederliches und gottloses Leben führte, zur Stoffelskuppe hin.

Irgendetwas schien nicht zu stimmen. Eine seltsame Stille hatte sich mit einmal über den Wald, die Wiesen und Felder ausgebreitet.

Dies schien aber den dahinschreitenden in keinster Art und Weise zu berühren.

Plötzlich ein gewaltiges Brausen und Sausen in der Luft.

Jetzt blickte der liederliche Geselle in die Höhe.

Vor ihm auf der starken Eiche, die ihm am nächsten stand ließ sich gerade ein schwarzer Geselle nieder.

Der Ast, auf dem er Platz nahm, neigte sich gefährlich dem Erdboden entgegen.

Erschrocken blieb der von Rosa stehen und schaute mit weit aufgerissenen Augen zu der schwarzen Gestalt hinüber.

Aber nur für einen Moment.

Ein Lächeln glitt über sein Gesicht, denn er hatte erkannt, wer der schwarze Geselle da war.

„Hans, gib Geld her!", rief er.

Kaum war das letzte Wort über seine Lippen gekommen, ein furchtbares Krachen.

Der liederliche Geselle fiel vor lauter Schreck zu Boden. Ihm wurde schwarz vor den Augen.

Eine tiefe Ohnmacht hielt ihn gefangen.

Nach einer Stunde kam er wieder zu sich und erholte sich schnell.

Sein Blick wanderte sofort zu der Stelle hin, wo einst die Eiche gestanden hatte.

Der einst stolze Baum war ein stolzer Baum gewesen. Nichts war mehr von ihm übrig geblieben außer den Holzsplittern, die überall in der Gegend verstreut herum lagen.

Weithin stank es gewaltig nach Schwefel.

Von dem Schwarzen aber war weit und breit nichts mehr zu sehen.

Das Erlebnis hatte aber seine Spuren bei dem liederlichen Gesellen hinterlassen. Er führte von Stund an ein Gott erfülltes Leben.

*

Der verirrte Knabe an der Stoffelskuppe

Ein kleiner Knabe aus Rosa hatte droben im Walde Erdbeeren für seine kranke Mutter gesammelt. Mit raschen Schritten trugen ihn seine kleinen Füße auf den staubigen Waldwegen von einem Erdbeerfleck zum anderen.

Die Zeit verging wie im Fluge, ohne dass er es in seinem Sammeleifer bemerkte.

Höher und höher stieg die Sonne, überschritt den Zenit und verschwand hinter den Bäumen des Waldes.

Erst als die Abenddämmerung hereinbrach, bemerkte der Knabe, wie die Zeit fortgeschritten war.

Er blieb stehen, schaute sich um und wusste nicht mehr, wo er war.

Er hatte sich also auch noch verirrt.

Vom langen Herumlaufen durch den Wald, von einem Erdbeerfleck zum anderen war er todmüde geworden.

Er schaute sich nach einem ruhigen Plätzchen um.

Dort das weiche Mooslager unter der hohen Buche zog ihn an. So ließ er sich am Rande des Weges, in der Nähe der Stoffelskuppe zum Schlafen nieder.

Die hereinbrechende Dunkelheit hatte den Kleinen mitten im Wald überrascht.

Bald schon zeugten regelmäßige Atemzüge davon, dass der Bub in das Reich der Träume entschwebt war.

Irgendwo schrie ein Käuzchen. Jammernd zitterte der Schrei durch die finstere Nacht und übertönte jegliche andere Geräusche.

Der Schlaf des Knaben war so fest, dass er nichts mitbekam. Auch nicht wie ein an sich scheues Reh neben ihm stehen blieb und mit seinen braunen Augen verwundert auf den kleinen Jungen herab blickte.

Der Kauz schrie wieder. Es schien, als wüsste das Tier, dass dort genau unter dem Baum ein Knabe im tiefen Schlummer lag.

Für einen Moment schreckte der Knabe aus seinem Schlaf auf.

Hoch vom sternenübersäten Himmelszelt schaute der Mond durch das lustige Gezweige der Buche.

Das Licht des Mondes schien sich in den großen blauen Augen des Jungen zu spiegeln.

Und schon war der Knabe wieder eingeschlafen.

Die Bäume und Sträucher schienen zum Leben zu erwachen.

Seltsame Geräusche klangen plötzlich an das Ohr des Kindes, die ihn erneut und diesmal wirklich aus dem Schlaf aufschrecken ließen.

Er fuhr in die Höhe und versuchte die Dunkelheit des Waldes, mit seinen Augen zu durchdringen.

Dort, dass sah wie eine Vogelscheuche aus, hier schien ein Gespenst durch den Wald zu schleichen.

Und dort?

Darüber war der Kleine so arg erschrocken.

Er begann sich zu fürchten.

Der Junge fing an, leise zu schluchzen und murmelte vor sich hin: „Mutti ich will nach Hause. Ich fürchte mich."

Das Schluchzen ging in herzzerreißendes weinen über und dazwischen immer wieder sein Hilfeschrei: „Mutti hilf mir doch. Mutti, bitte, bitte! Ich habe solche Angst!"

Aber da war keine Mutter, die den kleinen Jungen an die Hand genommen und wohlbehütet in sein Bett gebracht hätte.

Die Mutter lag unten im Dorf krank danieder und konnte nicht helfen.

Aber sie wäre keine Mutter gewesen, wenn sie sich in diesen Augenblick um den kleinen Jungen nicht geängstigt hätte.

Die Dunkelheit der Nacht war bereits hereingebrochen und von den kleinen Jungen war noch immer nichts zu hören, geschweige zu sehen.

Da fing die Mutter an zu beten: „Lieber Gott! Ich bitte dich las meinen kleinen Jungen, den richtigen Weg nach Hause finden! Er ist mein ein und alles. Was soll ich nur ohne ihn tun?"

Und der liebe Gott half.

Zu dem Knaben trat eine prächtige weiße Jungfer.

Kniete sich neben ihm nieder.

Streichelte seine Wangen und sprach mit freundlicher Stimme zu ihm: „Es wird alles gut mein Kleiner."

Dann rief sie etwas in den Wald hinein, was der kleine Junge jedoch nicht verstand.

Daraufhin knacken im nahen Gebüsch.

Ein großer zottiger Hund drängte sich durch die Zweige hindurch. Er glitzerte goldgelb im Mondschein und war stark wie ein Löwe.

Neben der schönen Jungfrau blieb das Tier stehen.

„Halte dich gut fest, dass du nicht herabfällst!", sagte diese zu dem kleinen Jungen und setzte ihn auf den zottigen Hund.

Und ehe der Kleine so richtig mitbekam, was mit ihm da geschah, stürzte das Tier mit ihm wie der Wind den Berg hinunter und brachte ihn glücklich bis vor die Hütte der Mutter.

Geschwind stieg der Junge von dem Rücken des Tieres. Als er sich noch mal nach dem Hund umsah, war derselbe bereits wieder verschwunden.

Jetzt stürmte der Knabe in die Hütte, in der seine Mutter, mit rotverweinten Augen im Bett lag. Sie schloss ihren Buben fest in die Arme und strich sanft über seine dunkelblonden Haare.

„Du kleiner dummer Junge", flüsterte sie.

„Mama, ich bin doch wieder da!"

Der Schäfer von Rosa und die Jungfrau auf der Stoffelskuppe

Es gab ehemals in Rosa einen Schäfer, der droben auf der Eller die Schafe hütete. Eines Tages hörte er von der Berghöhe her eine wunderliche Musik.

Er blieb stehen und lauschte der herrlichen Melodie.

Wer konnte das sein?

Woher kam das Lied?

Neugierig geworden wollte der Schäfer der Sache auf den Grund gehen.

Er ließ die Schafe, Schafe sein und machte sich auf dem Weg zur Stoffelskuppe hinauf.

Oben angekommen glaubte er seinen Augen nicht trauen zu können.

Vor ihm stand, auf der mit Blumen übersäten Wiese, eine bildschöne, weiß gekleidete Jungfrau mit goldgelben langen Haaren.

Diese sprach den Schäfer sofort sehr freundlich an und schenkte ihm eine ganze Tasche voller Knoten.

Sprachlos stand der Schäfer da und wusste im ersten Moment nicht, was er mit der Tasche und dem Inhalt anfangen sollte.

In diesem Moment sprach die Jungfrau mit lieblicher Stimme zu ihm: „Ich werde dir noch oft die Taschen füllen, wenn du davon einen guten Gebrauch machst und einen rechtschaffenen, frommen Lebenswandel führst. Dann kann ich wieder zur Ruhe kommen, die ich schon so lange wegen früherer sündhafter Neigung verloren habe".

„Vielen Dank liebe Frau. Ich bin bereit und gelobe ihren Wunsch, in all seinen Punkten zu erfüllen", antwortete der Schäfer ohne erst lange zu überlegen.

Die Jungfrau drehte sich um und verschwand.

Der Schäfer ging zu seiner Herde zurück.

Bei der Herde angekommen griff er in die unterdessen immer schwerer gewordene Tasche.

Er wollte sehen, was ihm das Kuppenfräulein doch eigentlich geschenkt habe.

Ihr werdet es nicht glauben, er holte mit seiner Hand Gold aus der Tasche.

Es war nicht nur eine Handvoll Gold.

Der Schäfer lachte, freute sich darüber und trieb seine Herde nach Hause, tat aber nicht wie ihm das Fräulein befohlen, wurde vielmehr ein arger Schlemmer und liederlicher Geselle.

Als er nun sein Gold bis auf den letzten Heller durchgebracht hatte, gedachte er sich Neues droben auf der Stoffelskuppe zu holen.

Er ging auch hinauf und hörte wieder von oben herab eine liebliche Musik, die aber diesmal traurig klang.

Als er oben auf der Kuppe anlangte, stand wie damals wieder das Fräulein vor ihm, doch diesmal in einem schwarzen Kleid und mit wehmütigem Angesicht.

Sie sprach diesmal kein Wort und sah ihn mit traurigen Augen an.

Sie beschenkte ihn zum zweiten Mal, aber nicht wieder mit Knotten, sondern mit blanken Goldstücken.

Wer war jetzt froher als der Schäfer?

Er konnte vor Freude kaum einige Worte des Dankes hervorbringen und machte sich auf den Heimweg.

Unterwegs griff er in die Tasche, um die Goldstücke zu zählen.

Oh Schreck, da gewahrte er das sich die blanken Goldstücke in taube Knotten verwandelt hatten.

Der Schäfer war wegen nicht Einhalten seines Versprechens und für seinen liederlichen Lebenswandel von den Kuppenfräulein bestraft worden.

*

Von der verwünschten Gräfin von Eckardts auf der Stoffelskuppe

Ein Bernshäuser wollte in der Neujahrsnacht nach Rosa. Als er die Kirche erreichte, vernahm er einen wunderlichen Gesang.

Sich umschauend wollte er wissen, woher der Gesang kam.

Plötzlich!

Wie aus dem Nichts heraus stand dicht vor ihm eine freundliche Jungfrau.

Sie hatte ein weißes Kleid an, trug um den Hals und um die Hüfte jeweils eine schwere goldene Kette.

Goldene Spangen verzierten ihre Handgelenke.

Erstaunt blickte der Bernshäuser sie an.

„Ich brauche ihre dringende Hilfe", flehte diese ihn an.

„Wozu brauchst du meine Hilfe?"

„Komm bitte mit hinauf auf die Stoffelskuppe!"

„Was soll ich zu dieser nächtlichen Stunde auf der Kuppe machen?"

„Du sollst die verwunschene Gräfin von Eckardts aus ihrem Bann erlösen", flehte die Jungfrau den Bernshäuser immer wieder an.

Letztendlich konnte der Bernshäuser, den nicht nur den dringenden, sondern auch flehende Bitte der Jungfrau widerstehen.

Als die beiden nun den Fuß der Stoffelskuppe erreicht hatten, blieb der Bursche einen Augenblick stehen.

Er wusste beim besten Willen nicht, was er hier sollte.

Vor ihm lag ausgebreitet auf der Wiese ein Stück prachtvolle feine Wäsche nach dem anderen.

Sie lag zum Bleichen hier.

Seine Begleiterin winkte ihm zu, doch weiter zu gehen.

Dies machte auch der Bauer und er schritt mit seiner Begleiterin um die Wäsche herum, mutig vorwärts.

Oben angekommen, sollte er die zweite Überraschung erleben.

Plötzlich stand ein riesengroßer, zottiger Hund, der die Farbe eines Löwen und glühende Telleraugen hatte, vor ihm.

Dem Bauern durchfuhr ein fürchterlicher Schreck, der kaum größer hätte sein können und er stieß einen lauten Angstschrei aus.

Auf einmal war alles verschwunden und der Bauer stand wieder bei der Kirche, genau an der Stelle, wo ihm die weiße Jungfrau erschien war.

*

Auf der Kuheller unweit der Stoffelskuppe

Unweit der Stoffelskuppe nach dem Pleß hin gibt es eine basaltartige Erhebung zwischen der Rhön und dem Werratal.

Diese große freie Fläche nennt man die Kuheller.

Sie liegt südwestlich von Dermbach.

Hier hüten die Roßdorfer Hirten ihre Kühe.

Es gab aber eine Zeit, wo die Kuhhirten von Roßdorf und Rosa es dort auf der freien Fläche nicht mehr aushalten konnten.

Das ging einige Jahre so.

Jeden Mittag, wenn sie dachten, ihr Vieh sei versorgt und würde friedlich das Gras fressen, was ja hier in Hülle und Fülle vorhanden war, sollten sie sich getäuscht haben.

In der schönsten Ruhe, sprang das Rindvieh plötzlich auf, reckten die Schwänze in die Höhe und liefen zum nahen Wald hin, als wäre der Teufel hinter ihnen her.

Ehe die Hirten es sich versahen, waren die Rindviecher rechts und links krachend im dichten Unterholz des Waldes verschwunden.

Wenn die Kuhhirten ihre Rindviecher nicht immer erneut wieder haben wollten, blieb ihnen nichts anderes übrig als eine andere Weide zu suchen.

Seit einigen Jahren ist es aber auf der alten Weide wieder ruhig geworden.

Die Schwerbeladenen an der Stoffelskuppe

Unter der Stoffelskuppe, gibt es zwischen der Rhön und dem Werratal eine basaltgekrönte Erhebung.

Diese große freie Fläche wird die Kuheller genannt.

Hier hüteten die Roßdorfer Hirten ihre Kühe.

Eines Abends wandelte der Roßdorfer Schulze über diese Bergestrift, da erblickte er auf der Waldblöße im Dämmerlicht zwei dunkle Männer, die in einiger Entfernung voneinander gleichmäßigen Schrittes sich fortbewegten.

Der Schulze war froh, Gesellschaft zu finden.

Schnell näherte er sich ihnen.

Als er näher kam, entdeckten seine Augen, dass die beiden Männer tiefgebeugt einen übergroßen und mächtigen, baumartigen Balken auf ihren Schultern trugen, unter dessen Last beide fast zusammenbrachen.

Der Schulze konnte es kaum begreifen, wie die zwei großen dunklen Männergestalten eine so entsetzliche Last zu tragen vermochten.

Sofort keimte in ihm der Gedanke auf, dass hier irgendetwas nicht stimmen konnte.

Wieso mühten sich zwei Männer in so später Stunde, an so einsamer Stelle mit einer solchen schweren Last ab?

Neugierig geworden rief der Schulze den Tragenden zu: „Hallo! Wer seid ihr? Wo wollt ihr hin?"

Keine Antwort!

Hörten die Männer sein Rufen nicht?

Noch einmal rief er: „Wer seid ihr, wo wollt ihr hin?"

Tiefes Schweigen.

Nun rief der Schulze zum dritten Mal, diesmal brüllte er fast: „Hee da, Ihr Männer? Wo wollt ihr hin?"

Mit einem seufzen, dass sich ein Stein erbarmen möchte, antworteten diese dann gleichzeitig mit einer schrecklichen dumpfen Stimme: „Von Ungnadhausen nach Gnadental!"

Ohne noch ein weiteres Wort von sich zugeben zogen sie ihres Weges und verschwanden in der Dunkelheit der Nacht.

Übermächtiges Grausen erfasste den Roßdorfer Schulze. Er konnte, solange er noch lebte, jene unheimlichen Worte nicht mehr vergessen.

So musste die Stimme des jüngsten Gerichtes geklungen haben.

Auch andere haben jene Schwerbeladenen über die Waldblöße wandeln sehen.

So auch ein kecker Geselle, der sich selbst vor dem Leibhaftigen Federhänschen nicht fürchtete. Dieser gab sich mit der Antwort nicht zufrieden und frug weiter.

Da erfuhr er, dass die beiden vor langen Zeiten hier oben ein sündhaftes Leben führten.

Sie lebten hier mit Nachbarn zusammen, die ihnen nur Liebes und Gutes erwiesen.

Aber sie kümmerte das in keiner Art und Weise.

In Gegenteil eines Tages überfielen sie in räuberischer Absicht ihre Nachbarn auf dem Pleß. Ermordeten diese und brannten dann deren Schloss nieder.

Dafür wurden sie verflucht und verdammt, die schwere Last des dicken, langen Balkens bis zum Pleß und wieder zurück bis zum jüngsten Tag zu tragen, es sei denn, dass ein unschuldiger Bursche zufällig des Weges daher käme, der sich ihrer erbarme und den Balken vor dem ersten Hahnenschrei in Stücke zerhaue und diesen klein spalte.

Solches aber konnte der kecke Geselle nicht voll bringen.

Dies mochten die armen Sünder wohl wissen, denn als sie ihre Rede geendet, seufzten sie so kläglich, dass es diesem doch durch Mark und Bein ging.

Die Männer setzten, dann wie immer ihren Weg Richtung Pleß fort.

Es war in einer sternenhellen Nacht. Unzählige Sterne funkelnden mit ihrem hellen Licht am nächtlichen Himmel.

Was für eine Pracht!

In dieser Nacht begegneten die Schwerbeladenen Einem von Rosa droben auf der Waldblöße.

Auch ihm antworteten sie auf die Fragen: „Woher und wohin?"

„Von Ungnadhausen nach Gnadental!" und setzten, unter der schweren Last seufzend, ihren Weg nach der Pleßkuppe fort.

Solch schreckliches Abmühen aber ging dem Bauer so zu herzen, dass er sich ihnen sofort zur Hilfeleistung anbot.

„Nein, das möchten wir nicht", wiesen die beiden diesen ab. „Aber wir hätten eine Bitte an dich".

„Wenn ich euch die Bitte erfüllen kann, nur zu, sagt sie mir".

„Wenn du heim kommst, bitte deinen frommen Pfarrer darum, dass er recht fleißig zur Erlösung zweier schwerbelasteter Sünderseelen beten möge".

Auch noch weitere haben jene Schwerbeladenen über die Waldblöße wandeln sehen, die sich wohl gehütet haben, sie fragend anzureden.

Der Schatz des alten Witzel aus Bernshausen

Am Rande des Urnshäuser Ortsteil Bernshausen unterhalb der Stoffelskuppe liegt ein Erdfallsee, die Bernshäuser Kutte.

Die Bernshäuser Kutte, auch als grüne Kutte genannt ist 47 Meter tief, eine gewaltige Tiefe für diesen kleinen See, der nur eine Fläche von 4,48 ha aufweisen kann.

Der See liegt sehr idyllisch und ist rundum von zahlreichen Bäumen, vorwiegend mit Buchen bewachsen. Nicht nur die vielen grün belaubten Buchen, sondern auch die Eichen die am Rande des Weihers stehen spiegeln sich im herrlich grünen Wasser des Sees.

Bis zum Ufer ist der Teich mit den Laubbäumen bewachsen. An vielen Stellen ragen die Wurzeln der Bäume aus dem Wasser.

Um den See verläuft ein schmaler Weg.

Sehr schmal stellenweise.

Dort wo der Weg nach Rosa führt stehen einige Eichen. Eine der Eichen besitzt eine stattliche Größe und die dicke Rinde des Stammes besteht aus einer sehr rauen Borke. Ihre verzweigten Äste bilden ein dichtes Blätterdach.

Zahlreiche Insekten wie Hirschkäfer, aber auch Schmetterlinge treiben sich in ihrer Nähe rum.

An der starken Wurzel des ersten und mächtigsten dieser Bäume hing vor langer Zeit ein Kessel, der mit seinem Boden bis in das Erdreich hinein reichte.

So wurde jedenfalls berichtet.

Ja, dies war nicht nur irgendein Kessel. Es hatte mit diesen eine besondere Bewandtnis.

In dem Kessel befand sich unermesslich viel Geld.

Wo kam das Geld aber her?

Wer hatte es da hinein getan?

Es war der alte Witzel aus Bernshausen, der nach und nach den Kessel mit Geld gefüllt hatte, bis dieser bis zum Rand voll war.

Dies blieb lange ein Geheimnis, bis einer aus Rosa, bei seinem nächtlichen Weg nach Bernshausen zufällig beobachtete wie ein alter Mann am See entlang schlich und an einer großen Eiche stehen blieb. Hier baumelte ein Kessel an der Wurzel des Baumes.

Gespannt beobachtete der nächtliche Wanderer das Geschehen, das sich vor seine Augen abspielte.

Der Alte schaute sich nach allen Seiten um, dann griff er in seine Tasche und zog einige Taler hervor. Nochmals nach allen Seiten umschauend wanderten die Taler in den Kessel.

Ohne dass er etwas von dem heimlichen Besucher bemerkte, machte sich der Alte auf den Heimweg.

Der aus Rosa schlich zu dem Kessel hin. Fand aber in dem Kessel kein Geld. Er hatte selber mit eigenen Augen gesehen und gehört wie die Taler klimpern in den Kessel gefallen waren.

Aber wo war das Geld?

Im blieb nichts anderes übrig, als unverrichteter Dinge seinen Weg fortzusetzen.

Das Gesehene konnte der von Rosa nicht bei sich behalten und beim nächsten Gaststätten Besuch erzählte er davon, was er gesehen hatte.

Seitdem haben viele versucht, den Schatz zu heben.

Keiner jedoch wusste bis heute, was für ein Spruch den Schatz ans Tageslicht befördern würde.

Und dann geschah noch Folgendes. Jeder der dort am hellen Tag von dem Alten und seinen verborgenen Schatz sprach, der bekam aus dem Nichts heraus ein paar derbe Ohrfeigen.

Mit gesenkten Haupt und geröteten Wangen schlichen die Geohrfeigten nach Hause.

*

Die Kobolde in der Bernshäuser Kutte

In der Bernshäuser Kutte sollen sich einst kleine neckische Kobolde aufgehalten haben.

Eines Tages ging ein Bauer von Bernshausen nach Roßdorf und erfreute sich am Anblick der Natur. Der Wind rauschte in den Blättern der Bäume. Es raschelte, krabbelte, summte und brummte um ihn herum.

Er ging langsam dem schmalen Weg zur Bernshäuser Kutte entlang.

Als er so mit seinem Blick über die Gegend schweifte, da erblickte er an der Ostseite der Kutte am Hang einige kleine, schwarze Männchen herumtollen.

Verwundert blieb er stehen und schaute sich das Schauspiel aus der Ferne an.

Beim Herumtollen bekamen die kleinen Männer nicht mit, dass sie beobachtet wurden.

Nach einiger Zeit war es den Bernshäuser überdrüssig, das herumtollen der kleinen schwarzen Männer nur aus der Ferne zu beobachten.

Er entschloss sich dem Treiben, was sich dort am Hang abspielte, aus der Nähe zu beobachten.

Bernshäuser Kutte

Er setzte letztendlich seinen Weg fort.

Vorsichtig einen Fuß vor den anderen setzend und unter Ausnutzung des dichten Gebüsches, das am Ufer der Kutte wuchs, schlich er sich unerkannt an die herumtollenden Kerlchen heran.

Er war darauf bedacht, dass ja die kleinen schwarzen Männer nicht mit bekamen, dass er sich ihnen näherte.

Seine einmal erwachte Neugierde ließ ihn keine Ruhe. Er wollte sich die Kleinen unbedingt aus der Nähe ansehen.

Sein Tatendrang ließ ihn leichtfertig werden.

So geschah es.

Unachtsam war der Bauer aus Bernshausen geworden. Er trat auf einen vor ihm liegen trockenen Ast.

Ein lautes Knacken war die Folge.

Die kleinen schwarzen Männchen hörten mit ihren herumtollen auf. Sie schauten erschrocken zum Gebüsch hinüber, aus dem das Brechen von Holz gekommen war.

Dann liefen sie Hals über Kopf, als wäre der Leibhaftige hinter ihnen her, zum See und sprangen in den tiefen Wasserkessel hinein.

Hoch spritzte das Wasser auf, dort an den Stellen, wo die kleinen Kerlchen hineingesprungen waren.

Begleitet von schrecklichen Gepolter verschwanden sie in der Tiefe.

Von dort wo sie in der Tiefe des Sees verschwanden, breiteten sich kreisförmige Wellen auf der Wasseroberfläche aus, die bis an das Ufer platschten.

Ein andermal ging ein alter Mann mit seinem Jungen an der grünen Kutte vorüber.

„Vater, guck dort! Sind denn die Schlotfeger schon wieder da?", rief der Kleine und zeigte mit dem rechten ausgestreckten Arm in Richtung der Kutte.

Der alte Mann aber, der die am Rande der Kutte spielenden kleinen schwarzen Männchen schon längst kannte, fasste die Hand seines Kindes und zog es hinter sich her.

„Warum ziehst du so?", rief das Kind ganz erschrocken.

Der alte Mann achtete nicht auf die soeben gestellte Frage. Im Gegenteil er zog das Kind noch schneller hinter sich her.

„Nicht so schnell!", jammerte das Kind.

Im Laufschritt ging es ohne Halt an der Kutte vorbei, bis diese hinter ihnen lag.

Jetzt erst blieben die Beide außer Atem stehen.

„Warum sind wir so gelaufen?", wollte japsend der kleine Junge wissen.

Er erhielt jedoch keine Antwort auf seine Frage.

*

Von dem schwarzen Schaf in der Bernshäuser Kutte

Vor langen, langen Jahren suchte sich einst ein Schäfer die Bernshäuser Kutte dazu aus, um in ihr den nassen Tod zu finden.

Aus welchem Grund er diesen Selbstmord beging, ist bis zum heutigen Tag unbekannt.

Wie es nicht anders sein kann, gibt es reichliche Spekulationen, die mit folgender Begebenheit zusammenhängen.

Seit jener Zeit, wo der angebliche Selbstmord geschah, taucht jede Nacht, pünktlich wenn die Turmuhren der umliegenden Kirchen mit ihren Glockenschlägen die mitternächtliche Stunde ankündigten ein schwarzes Schaf auf.

Der letzte Schlag war verklungen.

12 Uhr Mitternacht.

In diesen Moment bildete sich dicht am Ufer im Wasser des Sees ein kleiner Strudel, der immer größer wurde.

Aus dem dunklen Kreisel tauchte ein schwarzes Schaf auf und stieg an das nahe Ufer. Auf dem Ufer angekommen schüttelte es sich, dass die Wassertropfen aus dem klitschnassen Fell nur so durch die Gegend flogen.

Zitternd am ganzen Leib stand das Schaf da und bewegte sich nicht vom Fleck.

Wurzeln schien das Tier zuschlagen.

Die Zeit verging.

Immer noch stand das Schaf auf der Stelle.

Es schien auf irgendwen oder irgendetwas zu warten.

Plötzlich ein Rauschen und Brausen in der Luft.

Kurzzeitig verdunkelte sich der Sternenhimmel, das helle Funkeln der Sterne war verschwunden.

Einen feurigen Flammenstrahl hinter sich herziehen fegte der Teufel zischend von der Stoffelskuppe heran.

Der Beelzebub setzte unmittelbar neben dem zitternden Schaf dicht am Ufer auf.

Sofort ging es los.

Der Teufel stürmte auf das arme Tier zu.

Er schlug es.

Feuerstrahlen schossen aus seinen Händen rechts und links neben dem Tier in den Erdboden.

So hetzte er es die Stoffelskuppe hinauf.

Als sie oben angekommen waren, hetzte er es ohne erbarmen zu zeigen wieder hinab.

Der Teufel hatte seine Freude daran, wie er das arme Schaf schinden konnte.

Es ging wieder hinauf und hinab.

Das ging so lange, bis das Schaf erschöpft am Rande der Kutte niederstürzte.

Mit zuckenden Beinen blieb es am Boden liegen.

Es konnte nicht mehr.

Da ergriff der Teufel das Schaf im Nacken am Fell.

Hohnlachend schüttelte er es wie eine nasse Katze und schleuderte das Tier feixend zurück in die Bernshäuser Kutte.

Hoch spritzte das Wasser auf.

Der Teufel hatte seinen Spaß gehabt.

Einen feurigen Schweif hinter sich herziehend verschwand er in Richtung Stoffelskuppe.

Es sei jedem gesagt, er möge Karfreitagsnacht den Weg an der Bernshäuser Kutte meiden.

Das Schaf liegt in dieser Nacht dort auf lauer und stößt jedem, der dem Tier in die Wege kommt im hohen Bogen in die Kutte hinein.

Vielleicht hat der Schäfer, der einst hier Selbstmord beging, in jener Nacht das schwarze Schaf getroffen.

Wer weiß das?

*

Das Heer in Bernshausen

Im Felda- und Rosagrund ließen sich hin und wieder ein Haufen feiner fideler Wesen sehen. Es waren so eine Art von Nixen, Elfen und andere Zauberwesen.

Vom Volk wurden sie nur *„das Heer"* genannt.

Sie waren von gutartiger Natur und taten niemanden was zu Leibe.

Necken durfte man sie freilich auf ihren Zügen nicht.

Regelmäßig bei Nacht zogen sie durch die Häuser, in denen drei aufeinander folgende Türen offen standen.

Warum auch immer.

Aus Liederlichkeit oder aus Versehen, das war ihnen egal.

In den Häusern, wo das Heer durchgezogen war, hielt das Glück seinen Einzug.

So wohnte in Bernshausen einst eine fromme und fleißige Bäuerin. In ihrem Haus stießen zufällig drei Türen aufeinander.

Diese Türen standen eines Abends sperrangelweit offen.

Sie hatte bei ihrer Brotbackerei ganz vergessen, diese zu schließen.

Da sie zum Brotbacken für den folgenden Tag noch einsäuern wollte, musste sie in die Küche gehen, die sich aber in einem anderen Gebäude befand.

Hier knisterte lustig das Holzfeuer in einem gusseisernen Herd. Durch die schmalen Ritzen zwischen den eisernen Ringen der Herdplatte, auf die der Topf stand, leuchtete es glutrot hervor.

Die Bäuerin schnappte sich den Topf mit dem warmen Wasser und eilte zurück in das andere Gebäude.

Im Gedanken beim Brotbacken dachte die gute Frau in diesem Moment mit keiner Silbe an den Haufen fideler Wesen.

Warum auch?

Deshalb erschrak sie arg, als sie mit dem Säuerwasser wieder in das Haus trat und bereits die Ersten des Haufens durch die Vordertür herein schlüpften sah.

Die Bäuerin konnte gerade noch zur Seite springen, sich an die Wand drücken.

Mucksmäuschen Still stand sie da.

Ruhig zog die Truppe an ihr vorbei, ohne der Frau irgendwann ihre Aufmerksamkeit zu schenken.

Schnell stellte diese den Topf auf den Tisch. Noch rechtzeitig genug, bevor er ihr aus der Hand gefallen wäre.

Die Meute feiner fideler Wesen huschte, ohne die Bäuerin weiter zu beachten, ungehindert und still durch das Haus.

Nur eins der lustigen Wesen, wie die Bäuerin deutlich sah, blieb stehen und tauchte seine zarten Finger in das warme Wasser.

Das konnte die Bäuerin nun überhaupt nicht verstehen.

Neugierde erfasste die Frau.

Kaum hatte die lustige Meute das Haus verlassen ging die Bäuerin zum Topf hin, um zu sehen, ob die Frau irgendetwas in das Wasser hineingetan hatte.

Allein da die Frau nichts Übles in dem Gefäß bemerkte, säuerte sie getrost mit dem Wasser.

Ihr glaubt es kaum, die Bäuerin hatte noch nie so köstliches Brot aus dem Ofen gezogen.

Sie trug einen Laib nach dem anderen zur Aufbewahrung in den Keller. Von hier holte sie dann, den einen um den anderen zum Verzehr wieder herauf.

Es verging eine Woche, es verging ein Monat, da fiel es der Bäuerin eines Tages auf, dass das Brot so ungewöhnlich lange ausreichte. Es musste lange alle sein.

Um der Sache auf den Grund zu gehen ging sie so gleich in den Keller hinunter.

Sie stand vor dem Regal, auf dem ein Brot nach dem anderen lag.

Die Bäuerin begann zu zählen.

Die Frau stutze für einen Moment und begann noch einmal zu zählen und murmelte dann vor sich hin: „Da liegen doch noch weit mehr Brote, wie ich bereits aus dem Keller geholt habe. So viel Brote habe ich beim letzten Mal nicht gebacken. Wo kommen die denn her?"

Da fiel es ihr wie Schuppen von den Augen, dass der Segen wohl von dem Säuerwasser, in welches die eine von dem Heer ihre Finger tauchte, herrühren konnte.

Die Bäuerin dankte im Stillen dem gütigen Wesen und verschwieg auf lange Zeit ihr Glück.

Dann kam der Tag, wo die Bäuerin ihren Mund nicht mehr halten konnte, und sie erzählte alles der Nachbarin.

Das hätte sie lieber nicht machen sollen.

Als die Bäuerin am folgenden Tag wieder in den Keller hinab stieg, um Brot zu holen, da fand sie das Regal leer.

Nicht mal eine Krume, von einem Brot war zu finden.

Das hatte die Bäuerin nun von ihrer Schwatzhaftigkeit.

*

Von dem verwünschten Schloss und der Jungfrau im Schönsee bei Urnshausen

An der Stelle des Schönsees (man spricht auch vom Schörnsee) stand einst ein prachtvolles, großes Schloss.

Seit langer Zeit führten dessen Bewohner ein wildes, liederliches Leben und ließen keinen Wanderer ungeschoren vorüber ziehen, bis sie diesen nicht ausgeraubt hatten.

So führte eines Tages, der Weg eines frommen Mönches, der aus dem gelobten Land kam, an diesem Schloss vorbei.

Und was geschah?

Der Mönch wurde überfallen.

Da die räuberischen Bewohner des Schlosses bei ihm nichts von Wert fanden, zerrten sie ihn mit sich.

„Last mich bitte gehen. Ich bin doch nur ein armer Mönch!"

„Rede er nicht so viel. Er kommt mit. Das andere werden wir dann schon sehen!" bekam er zur Antwort.

Sie schenkten ihm kein Gehör und schleppten ihm zum Schloss.

Auf dem Weg dorthin bat der Mönch immer wieder: „Lasst mich doch frei, ich habe wirklich nichts".

„Will er nicht endlich den Mund halten?"

Aber der Mönch gab keine Ruhe und sprach: „Wenn ihr mich nicht gehen last, wird euch Gott für diesen Frevel bestrafen".

„Das glaubst du doch selber nicht, dass Gott so einen Bettelmönch wie dir helfen wird", kam höhnisch die Antwort.

Trotz seines Bittens und Flehens und trotz der Warnung: „Wenn ihr mich nicht ziehen lasst, wird Gott das Schloss mit allem, was drinnen ist, binnen zwölf Stunden von der Erde vertilgen", stießen sie ihn die ausgetretenen steinernen Kellertreppen hinunter, in das tiefste Verlies des Schlosses.

Quietschend in den rostigen Angeln schloss sich hinter dem armen Mönch die eiserne Gittertür des Kerkers.

Hier in der Dunkelheit kehrten seine Gedanken immer wieder zu Gott zurück. Er war sich sicher, dass er dessen Hilfe erhalten würde.

Der Ritter und seine Kumpane aber lachten ob diese Rede und setzten ihre ununterbrochenen Zechgelage nur noch ärger fort.

Was scherten ihnen denn Gott und Teufel!

Sie sollten jedoch eines anderen belehrt werden.

Dem Teufel freute das tolle Treiben des Ritters mit seinen Kumpanen. Das war ganz in seinem Sinne. So konnte der Mönch vom Satan auch keine Hilfe erwarten.

Wie war das aber mit Gott?

Als die Frist von zwölf Stunden ablief, hatte Gott das Gebet des Mönches erhört.

Unter fürchterlichen Krachen versank das Schloss samt allem, was drinnen war.

Noch heute kann man am Jahrestag, jenes Strafgerichtes, das versunkene Schloss wie durch einen Spiegel in der Tiefe des Sees erblicken und deutlich das wilde Geschrei und Becherklirren der Zecher wahrnehmen.

Schönsee

Dem schönen Burgfräulein, das keinen Teil an den bösen Taten ihres Vaters hatte, ist es an diesem Tag jedoch gestattet, aus der schauerlichen Tiefe des Sees empor zu steigen. Sie läuft dann um den Schönsee herum, irrt durch den nahen Wald, mit der Hoffnung auf einen frommen Christen zu treffen, der den Bann zu brechen vermag.

So traf sie einst ganz in der Nähe des Sees einen jungen Bauernburschen aus Benshausen.

„Ich grüße euch!", sagte sie freundlich zu ihm.

„Ich grüße euch auch!", erwiderte der Bursche liebenswürdig den Gruß und wollte weiter gehen.

Herzhaftes Nießen des Fräuleins ließ ihn auf der Stelle stehen bleiben, um sich nach ihr umzudrehen und ihr ein frisches: „Gott helfe Euch!" zu zurufen.

Gleich darauf nieste das Burgfräulein zum zweiten Mal.

„Gott helfe euch", wiederholte er seinen Spruch.

Beim dritten Mal jedoch war er, des „Gott helfe euch" sagen müde. Er brummte leichtfertig vor hin: „Ei, so hole Euch der Kuckuck bei eurem genieße."

Kaum waren die Worte über seine Lippen gekommen, ließ ihn der gellende Schrei, den die Jungfrau in diesem Moment ausstieß, erschrocken zusammen fahren.

Händeringend und jammernd lief das Mädchen zum See hin und stürzte sich hinein in das kühle Wasser.

Zu spät bemerkte der erschrockene Bauer, mit wem er's eben zu tun hatte. Er bereute jetzt bitterlich, dass er nicht auch zum dritten Mal die Worte „Gott helf Euch!" ausgesprochen hatte.

Die Jungfrau wäre dann von dem Banne erlöst gewesen und er ein reicher, glücklicher Mann geworden.

So oft auch der Bursche von nun an wieder nach dem See ging, das Fräulein hat er nie wieder gesehen.

Aber die Hirten, die auf der Weide am Schönsee ihre Tiere hüteten, haben das schöne Burgfräulein dann und wann zwischen den Bäumen und dem Gesträuch am Ufer des Sees hin schleichen gesehen.

Auf der Weckemilch am Schönsee

Einst ging eine Frau aus Urnshausen mit ihrem Kinde zu dem Walde am Schönsee.

Es war die Weckemilch, ein Wiesengründchen, wo viele Kräuter wuchsen.

Die Mutter beabsichtigte hier Kräuter zu sammeln.

Sie legte die Kräuter in den mitgebrachten Korb.

Aber es bedurfte schon eine gewisse Zeit, das Behältnis bis zum Rand zu füllen.

In der Zwischenzeit saß das Kind am Rande der Wiese im grünen Gras. Schnappte übermütig mit den kleinen Händchen nach den bunten umherflatternden Schmetterlingen, um diese zu fangen.

Diese flogen immer wieder davon.

Überdrüssig von dem Versuch einen Schmetterling zu fangen begann das Kind mit den Blumen zu spielen, die in unmittelbarer Nähe wuchsen.

Da stand plötzlich eine liebliche Jungfrau vor dem Kind. Sie hatte ein schönes Kleid an. Den Leib umgürtete eine rote Schnur, an der ein schwerer Schlüssel hing.

Sofort hatte das Kind, die freundlich herüberblickende Jungfrau bemerkt.

Die hob den rechten Arm und winkte dem Kind zu, ihr zu folgen.

Dies aber fürchtete sich beim unverhofften Anblick der Jungfrau und begann arg zu weinen.

Die Mutter die das herzzerreißende Weinen des Kindes, sofort gehört hatte, eilte schnellen Schrittes herbei.

„Was ist denn? Wie so weinst du?", wollte sie mit besorgter Stimme wissen.

„Mama, da stand eine weiße Frau. Die hat mir zu gewunken, dass ich folgen soll."

Die Mutter schaute sich um. Aber nirgends war eine weiße Frau zu sehen. Sie wusste aber, wer dies gewesen war.

„Das war die weiße Jungfrau vom Schönsee, die hätte dir kein Leid angetan", versuchte sie das Kind zu beruhigen.

*

Auf dem Schlossplatz zu Urnshausen

Vor uralten Zeiten sollen drei Brüder, drei prächtige Schlösser bewohnt haben.

Das Erste stand in Urnshausen, dass zweite oben am Baier und das Dritte über den weißen und schwarzen Born oberhalb Dermbachs.

Von den prunkvollen Schlössern blieb kein Stein auf dem anderen. So das von diesen Bauwerken in der heutigen Zeit nichts mehr vorhanden ist.

Sie sind verschwunden.

Es gibt aber in der Umgegend hinweise, wo die prächtigen Schlösser einmal gestanden haben sollten.

Bei Urnshausen, wo das erste Schloss einst stand, gibt es einen Platz, genannt *„den Hundestall"*.

Bei Dermbach, wo das nächste Schloss stand, gibt es heute noch ein Hügel *„den Schlossplatz"* genannt.

In dessen Nähe befindet sich ein weiterer Platz, den man *„den Schlossgarten"* nennt.

Hier wollte man zu bestimmten Zeiten, das Rauschen eines unterirdischen Flüsschens gehört haben.

Kein Wunder, das die Quelle die dort entspringt *„den Schlossborn"* genannt wurde.

Einst ging eine Frau in den Mittagsstunden hinauf zu dem Schloss auf dem Baier.

Sie ging durch das weit geöffnete Tor und betrat den Schlossplatz.

Erstaunt blieb sie stehen, denn sie konnte nicht Glauben was ihre Augen da erblickten.

Mitten auf dem Platz stand eine große Schüssel, die mit einem Parabolspiegel große Ähnlichkeit hatte. Um diese herum, in einem Kreis von mindestens zehn Meter Durchmesser, standen eine Menge kleinerer. Sie hatten aber die gleiche Form wie die Große.

Die hellen Sonnenstrahlen spiegelten sich in den glänzenden Oberflächen der zahlreichen Schüsseln wider und ließ diese im hellen Glanze erstrahlen.

Es war ein Funkeln, blinken und glitzern, als wären sie alle aus Zinn oder Silber.

Nach einer geraumen Weile hatte sich die Frau an den herrlichen Anblick gewöhnt und sie ging, sich nach allen Seiten umschauend, langsamen Schrittes zu der ersten Schale hin, um diese vorsichtig zu ergreifen und einzupacken.

Allein es befiel ihr in diesem Augenblick eine solche Angst, dass ihre Hand zurückzuckte.

Sich aufrichten und umdrehen waren eins.

Der Schrecken war ihr mächtig in die Glieder gefahren.

Obwohl sie nicht wusste warum, eilte sie schnellen Schrittes in das Dorf zurück, um Leute herbei zu holen.

Als sie mit diesen zum Schlossplatz zurückkam, war alles verschwunden.

Auch soll oben über den Weg nach Bernshausen im „Huhne" ein altes Schloss gestanden haben.

Dieses soll nach Aussagen der Leute das Älteste, und zwar eins von den drei prächtigen Schlössern gewesen sein.

Das Geschlecht habe *„von Huhne"* geheißen.

Am Fuße des Hügels sprudelte eine starke Quelle, *„der Huhneborn".*

✳

Vom weißen Reh am Hornberg

Auf dem *„langen Rain"*, der sich zwischen Roßdorf und Urnshausen hinzieht, ist es nicht geheuer.

So erzählt man es.

Viele haben dort tanzende Butterwecke gesehen.

Andere wurden allda die Pferde scheu und wollten nicht mehr vorwärts, bis sie dieselben auf den Fingerzeig des Schmieds von Urnshausen hin, umspannten.

Noch andere sahen dort ein weißes Reh.

So auch ein Bauer, der einst von Bernshausen, noch spät in der Nacht über den *„langen Rain"* nach Hause reiten wollte.

Da sah er am Fuße des Hornberges am Wegesrand das weiße Reh liegen.

Er wollte rasch vorüber.

Ja, er wollte es.

Da richtete sich das Reh auf und sprang mit einem kurzen Luftsprung hinter dem Reiter, dem Pferd auf den Rücken.

Legte seine Vorderläufe dem Bauern auf die Schultern, den Kopf auf den Nacken und ließ sich so von ihm auf dem Pferd mitnehmen.

Und nicht nur das!

Dabei hauchte es dem Atem fortwährend in den Nacken und auf den Hinterkopf des Reiters.

War das ekelig und Stang auch noch furchtbar.

Grausen erfasste den armen Mann.

Als der Bauer endlich voller Angst seine Wohnung erreichte, war das Reh plötzlich verschwunden.

Die Haare des Bauern aber, die das Tier angehaucht hatte, waren und blieben schneeweiß.

*

Bei der Eisgrube am Hornberg

Am Hornberg, an dem Wege von Urnshausen nach Wiesenthal, heißt eine Stelle unter der Klippe *„die Eisgrube"*.

Eines Tages wendete dort auf einer Wiese ein hübsches Bauernmädchen von Urnshausen das frisch gemähte Gras. Es sollte bei dem herrlichen, warmen Sommerwetter schnell zu Heu trocknen.

Während ihrer Arbeit wurde dreimal hintereinander nach ihr geworfen.

Es waren schwarze, mit goldenen Adern durchzogene Steine.

Beim dritten Stein hielt sie mit dem Wenden des Heues inne und schaute sich um.

Es war aber niemand zu sehen.

Da kam ihr der Gedanke, es sei ihr Schatz, der Gendarm des Ortes, der sie necken wollte.

„Na, Du alter Narr! Lass mich mit dem Werfen in Ruhe!“, rief sie und schaute sich noch mal nach allen Seiten um.

Ihr Liebster war aber nirgends zu sehen.

Aber auch keine andere Person.

Da fiel ihr auf einmal ein, dass es hier nicht geheuer sei, denn manchem sei schon an dieser Stelle ein alter, verrunzelter Jäger erschien.

So wurde jedenfalls erzählt.

Bei diesem Gedanken lief ihr ein kalter Schauer über den Rücken.

Es begann ihr zu gruseln.

So hockte sie geschwind ihren Tragekorb auf den Rücken, und eilte, ohne sich um die schwarzen Steine zu kümmern, nach Urnshausen.

Hätte sie die Steine mitgenommen, so wäre sie auf zeitlebens glücklich gewesen; denn der Hornberg wie der Baier sind reich an unterirdischen Schätzen, die aber alle von Geistern bewacht werden.

Vom „Erlicht“ am Hornberg

Zwei Stunden von Roßdorf erhebt sich das Horn. Dort gibt es einen Platz bzw. Ort, den man dort im *„im Erlicht“* nennt, hier sollen sich oft die bösen Geister gar schrecklich bekämpft haben.

Die Strahlen der untergehenden Sonne tanzten zwischen den letzten abziehenden dunklen Wolken, fantastisch und unwirklich zu gleich zwischen den Bäumen und Sträuchern des Hornberges.

Ein Ort der Magie.

Ausgerechnet hier sollten sich zur Mitternachtsstunde seltsame Wesen getroffen haben, die nur immer Böses im Schilde führten.

Hornberg

Durch die Luft sausten sie auf großen Besen, glühenden Feuerstrahlen und wild gewordenen Pferden heran oder sie tauchten aus dem Nichts heraus auf.

Sie tanzten bei sternenklarer Nacht im diffusen Schein des Mondes ausgelassen auf einer Wiese dicht am Horn.

Gerieten in Streit und zofften sich.

Ein anders mal soll ein orkanartiger Sturm sie in ihrem Streit mitgerissen und diese durch die Luft gewirbelt haben.

Dabei sollen gewaltige prasselnde, hell lodernde Flammenzungen gen Himmel, die einen rot glühenden Meer glichen, gezuckt sein.

Ein schaurig schönes Inferno.

Laut knisternd gingen Strauch und Baum in Flammen auf. Ein feuriges Ungeheuer raste alles vernichtend über das Horn *„im Erlicht".*

Weithin war das Sausen und Brausen zu hören.

Doch da war nichts.

Doch der Schein trog, denn es war wirklich nichts geschehen. Es geschah alles außerhalb des Bewusstseins des Menschen.

Niemand hatte je von den Geschehen etwas mitbekommen, geschweige noch gesehen.

Der alte Thomas bei der Klippe am Hornberg

Einst ging der alte Thomas von Urnshausen am Hornberg, wo es *„die Klippe"* heißt, vorüber.

Ein wunderbarer Platz, um die Aussicht auf Wiesenthal zu genießen.

Sein Blick galt nicht Wiesenthal, sondern den großen schwarzen Stein der vor ihm, den Weg versperrte.

Was gab es da so Besonderes zu sehen?

Auf dem großen schwarzen Stein brannte ein helles Licht. Neben der Lichtquelle aber saß ein schwarzer Vogel, der den Thomas finster anblickte.

Eine große, dicke Kerze war es, die dort brannte.

Neugierig geworden schritt der alte Thomas auf den hellen flackernden Schein zu.

Selbst der finstere Blick des Raben, der den Kopf leicht zur Seite neigte und damit sagen wollte: „Lass das sein!", hielt ihn nicht davon ab.

Ohne zu zögern, griff er nach der Kerze.

Der Vogel schien nur darauf gewartet zu haben. Er hackte mit dem Schnabel nach dessen Hand.

Erschrocken zog der alte Thomas die Hand zurück.

Dem Alten wurde es jetzt gruselig um' s Herz.

Er ließ das Licht, das Licht sein und machte, dass er davon kam.

Im Laufschritt suchte er das Weite, um so schnell wie möglich den Raben und die brennende Kerze hinter sich zu lassen.

Lange Zeit erzählte man sich noch von dieser Stelle, dass hier die Vorübergehenden oft eine lange Strecke von eine verdächtigen Fuchs begleitet wurden.

Von dem Wald ohne Wipfel bei Eckardts

Das Gebiet des Amts Sand lag auf dem Gebirgsrücken der Vorderröhn und gehörte zum Herzogtum Sachsen-Meiningen.

Ein Teil des zwischen den Dörfern Schwarzbach und Eckardts im Amt Sand gelegenen Waldes hieß oder heißt der Schillbachswald.

Noch vor langer Zeit vertrieb hier die Kiefer die Buche aus ihrem uralten Besitztum.

Hohe und mächtige Stämme zwar erhoben sich dort aus dem Boden.

Sobald sie eine gewisse Höhe erreicht hatten, verdorrten alle ihre Kronen gleichzeitig.

Das war nicht immer, so erzählen zwei Sagen.

Nach der ersten Sage geriet der Besitzer des Waldes wegen der Eigentums- und Jagdrechte in dem Walde mit einem andern in Streit.

Der Streit endete vor dem Gericht.

Der Besitzer des Waldes verlor die Eigentums- und Jagdrechte.

Falsche Zeugen und gewissenlose Richter waren der Grund.

Da verfluchte der ehemalige Eigentümer den Wald.

Die Wipfel der Bäume verdorrten.

Nach der zweiten Sage wurde ein junges Mädchen der Zauberei angeklagt.

Anschuldigung auf Anschuldigung folgte.

Auf die Frage des Richters hin: „Bekennt ihr euch jetzt der Hexerei für schuldig?“

„Nein! Ich bin unschuldig!“, antwortete sie darauf hin.

Der Richter begann zu lächeln und sprach mit zynischer Stimme: „Du Hexe, du weißt wohl, wie das elfte Gebot heist, bei mir bist du Biest, aber an den Falschen geraten. Der Spaß wird dir noch vergehen.“

Er ließ das junge Mädchen zur Folter bringen.

Hier setzten die Folterknechte ihr Daumen- und Bein-schrauben an, hängten sie an ihren Armen auf und belasteten ihre Beine mit schweren Gewichten. Auf dem Streckbett konnte sie die Traktur nicht mehr aushalten, sie gab unter fürchterlichen Schmerzen alles zu.

Mit zerschunden Körper und Schmerzen in den Gliedern wurde sie von dem Centgericht in Friedelshausen als Hexe zum Feuertod verurteilt, obwohl die Unglückliche immer wieder beteuerte, dass sie keine Hexe sein.

Ihr letzter Gang führte durch jenen Wald.

Der Wind rauschte in den bunten Blättern und zwischen den grünen Nadeln der Bäume, die rechts und links des staubigen Weges standen.

Hier flehte sie mit wimmernder Stimme Gott an: „Herr, erbarme dich meiner! Ich bin unschuldig!"

„Sei ruhig, du Hexe. Gott kann dich jetzt auch nicht mehr helfen!"

„Lieber Gott! Lass als sichtbares Zeugnis meiner Un-schuld die Wipfel der Bäume dieses Waldes verdorren und dass sie nie wieder grünen mögen!", antwortete sie darauf hin. Gott erhörte sie und ließ die Kronen des Waldes zu-grunde gehen.

Von der Hexe zu Geba

Zu Geba kam eine Frau in die Wochen. Da ihre Leute den Besuch einer Hexe aus dem Dorf fürchteten, so hatte man vorsorglich die Schwelle mit ††† versehen, dass die Hexen hier keinen Zutritt haben konnten.

Hohe Geba – höchste Erhebung der Vorderen Rhön

Aber was machte die Hexe. Sie verwandelte sich nachts in eine schwarze Katze und kratzte jämmerlich miauend an dem Fenster, um so vielleicht durch dieses doch noch ins Haus zu kommen.

Die Wöchnerin aber wurde dadurch gewaltig geängstigt, bat ihren Mann, ihr Ruhe zu verschaffen.

Dieser eilte nun hinaus, ergriff die Mistgabel und stach der Katze drei Löcher in den Leib.

Am anderen Morgen lag die Hexe krank zu Bett und musste den Feldscher rufen und sich von dem die Wunden kurieren lassen.

Dem freilich erzählte sie, dass sie nachts vorher in etwas Spitziges gefallen sei.

Die weißen Jungfern auf der Altmark

Westlich von Geba und südöstlich vom Dorf Reichenhausen erhebt sich die hohe Altmark.

Die Sage und einige oben befindliche Mauerreste deuten auf eine dort in grauer Vorzeit gestandenen Burg hin.

Die Ritter sollen mit denen auf dem Stellberg, der Duisburg und dem Henneberg durch riesengroße Sprachrohre in Verbindung gestanden haben.

Einst hütete der Hirte von Reichenhausen das Spannvieh (Bullen) droben an der Altmark.

Es war Mittag und sein Töchterchen hatte ihm eben das Essen gebracht. Da sah er auf einmal zwei weiße Jungfrauen aus den Schafhäusern Fichten auftauchen und auf der Flurgrenze zu ihm heraufkommen.

Als sie näher kamen, vernahm er sowohl wie sein Kind den leisen und lieblichen Gesang.

Sie schritten dicht an ihnen vorüber und dass auch so leise, dass ihre Schritte weder ein Rauschen noch ein Knistern in dem auf die Erde gefallenen dürren Laub verursachten.

Auf dem Burgplatz verschwanden sie geräuschlos vor den Augen des verwundert blickenden Hirten in einem ehemaligen Kellerloch.

Auch noch andere als der Hirt haben zu verschiedenen Zeiten dort droben die weißen Jungfern gesehen.

Aber keiner konnte sich aus diesen Begegnungen je einen Reim machen.

*

Vom Eichenbusch bei Reichenhausen

Von Reichenhausen nach den Ellenbogen hinauf, dem zweithöchsten Berg der thüringischen Rhön, stand auf einer Gebirgswiese, ganz einsam ein Eichenbusch.

Man nannte den Ort am Gertzen, der auf einem lang gestreckten Hochplateau der Langen Rhön lag.

Jedes Mal im Frühjahr, wenn das Gras kniehoch war, konnte man stets hier an dieser Stelle einen verbrannten Streifen sehen.

Wie ein breites schwarzes Band zog dieser, sich als Ring um den Eichenbusch.

Abgebranntes Gras und verbrannte Erde.

Die Leute nannten ihn den Hexenring.

Der sollte von den Hexen her kommen, die dort mit dem Teufel ihre unbändigen nächtlichen Tänze abhielten. Unter den wild stampfenden Füßen sollen dabei glühende Funken emporgestoben sein.

Versengtes Gras und schwarz verkohlte Erde waren die Folge.

Dort am Busch soll es überhaupt nicht geheuer gewesen sein.

Schwarze Hunde sollen hier ebenfalls, besonders zu nächtlichen Stunden erschienen sein.

Wehe den, der dann ausgerechnet zu dieser Zeit, hier nichts ahnend seines Weges ging, erhielt plötzlich von einem Unsichtbaren eine schallende Ohrfeige, die durch ein unheimliches Pfeifen begleitet wurde.

Von dem Zigeunerstock bei Reichenhausen

Südlich vom Ellenbogen nach Frankenheim zu, da, wo der Fußpfad von Reichenhausen das Plateau erreicht, in der Nähe der alten Landwehr oder dem Hähl stand noch vor wenigen Jahren auf einer kleinen Erhöhung ein in die Erde eingelassener Balken.

Genannt der Zigeunerstock.

Hier soll es nicht geheuer zugegangen sein.

Von Generation zu Generation wurde immer die gleiche Geschichte weiter erzählt.

Vor Gott weiß, wie viele Jahre hier herum ein Zigeunerhauptmann mit seiner Bande hauste.

Diese wilde Schar ging unmenschlich mit den armen Bauern um.

Sie beraubten und erpressten sie.

Wenn man einem aus der Bande nicht gleich zum Willen war, drohte sie gleich mit dem roten Hahn.

Die Bauern ertrugen lange Zeit diese Landplage.

Dann trieb es der Zigeuner aber zu arg.

Die geschundenen Bauern rafften sich auf und gingen mit den ansässigen Jägern auf Streifzug gegen den Räuber.

Sie kreisten diesen auch richtig in der alten Landwehr ein.

Der Zigeuner aber lachte sie alle aus. Schwang sich auf sein kleines Pferd und ritt, diesem wie wild die Sporen gebend, aus dem Versteck heraus.

Sich auf dem Pferderücken umdrehend schoss er sein Gewehr auf die Bauern ab und durchbohrte einen Hut.

Die den Bauern begleitende Jäger schossen daraufhin auf den Zigeuner.

Nachdem sie ihre Flinten abgefeuert hatten glaubten sie, ihren Augen nicht trauen zu können.

Der Zigeuner hatte sein Pferd angehalten und hob den rechten Zeigefinger in die Höhe.

Da, die Waffen in der Zwischenzeit nachgeladen wurden, prasselte jetzt gezieltes Feuer aus allen Gewehren auf ihn ein.

Reichenhausen

Ein höhnisches Lachen war die Folge.

Der Zigeuner klopfte sich auf den Hintern und ritt unversehrt und schnurstracks auf die Bauern zu.

Er war kugelfest.

Zum Glück kam einer der Jäger auf einen guten Gedanken, schnitt sich einen silbernen Knopf von seinem Wams, klopfte denselben zusammen und lud ihn in die Büchse.

Als nun der Zigeuner auf die Leute zuritt und diese verhöhnte, nahm ihn der Jäger aufs Korn und drückte ab.

Krachend verließ das Geschoss den Lauf der Waffe, ein helles Mündungsfeuer hinterlassend.

Mitten ins Herz getroffen stürzte der Zigeuner von seinem Rösslein zu Boden.

An der gleichen Stelle wurde er dann begraben und jener Pfahl zur Warnung für die andern der Bande in die Erde getrieben.

*

Von dem Burgfräulein zu Neidhardtshausen

Hoch über dem Dorf Neidhardtshausen stand vor alten Zeiten die Burg der Grafen von Neidhardtshausen.

Einer der Letzteren, Erpho geheißen, hatte ein einziges Töchterlein von seltsamer Schönheit.

Des Grafen Liebstes auf der Welt.

Zu dieser Zeit entbrannte in heftiger Liebe in das einzige Töchterlein, ein schmucker Nachbar, der ritterliche Junker zu Fischberg. Er hätte sie gerne von dem Grafen zu seinem Weibe begehrt.

Nun aber hasste der Graf schon lange den Junker und hätte nie in eine solche Verbindung eingewilligt.

Was machte da der Junker?

Eines Abends entführte der Junker das ahnungslose Fräulein und brachte es auf seine Burg.

Als der Graf von dem Raub erfuhr, zog er sofort mit seinen Mannen zu dem Fischberg hin.

Zum Greifen nahe lag vor ihnen hoch oben auf dem Hügel die Burg.

Angehaltenen Atems schaute der Junker über die Brüstung der Burg.

Was würde geschehen?

Wie toll gewordenen Zentauren jagten die Mannen des Grafen in diesen Moment über die Wiesen und Äcker den Berg hinan. Und schon drangen sie auf das verrammelte Holztor ein und rüttelten daran.

Das Tor blieb verschlossen.

Laut klangen die Axtschläge, mit denen die Angreifer versuchten, das Tor zu zertrümmern.

Dabei wurden die Manne des Grafen immer wieder durch herabstürzende Steine, durch siedendes Wasser und durch gezielte Speerwürfe und Pfeiltreffer der Verteidiger gestört.

Längst schon hatten die Angreifer eine Kerbe in das Holz des Tores gehauen und die Lücke wurde breiter und breiter.

Tapfer wehrten sich die Verteidiger der Burg.

Die letzten Hiebe mit zwei Äxten folgte und der Zugang zur Burg war frei. Das zertrümmerte Türblatt stürzte nach innen zusammen.

Der Graf stürmte als einer der Ersten in die Burg und erstach nach kurzer heftiger Gegenwehr den Junker mit eigener Hand.

Reglos lag der Junker im eigenen Blut, mit dem Messer in der Brust, vor dem Grafen am Boden.

Übrig blieb eine Burg, die in Flammen aufging.

Schon loderte es aus den Gebäuden empor, schwarzer Rauch verdüsterte den Himmel.

In Windeseile verbreitete sich das Feuer auf alle Gebäude.

Hell loderten die Flammen empor.

Einige der Verteidiger konnten entkommen und das kleine Häuflein, der Flüchtenden erreichte den rettenden Wald.

Zurück blieb eine, bis auf die Grundfeste zerstörte Burg über die eine dicke Qualmwolke, durchzuckt von loderndem Feuerschein hing.

Seine Tochter und deren Kleinodien brachte der Graf nach dem Dorfe Neidhardtshausen an der Felda, in das dort gelegene Nonnenkloster.

Hier leistete er den Schwur, dass seine Tochter das Kloster nicht eher verlassen sollte, bis sie dort von einem Priester oder von einer reinen Jungfrau aus freien Stücken geküsst worden sei.

Nachdem die Tochter ihre Kostbarkeiten im Klostergärtlein vergraben haben soll, starb sie bald darauf an Herzeleid.

Ohne Beichte und Absolution.

Hier wollten sie noch viele, an jeden dritten Freitagabends bleich und traurig im weißen Schleier mit einem Schlüssel in der Hand, auf- und abwandelnd gesehen haben. Der Schlüssel soll angeblich zu dem Schloss passen, dass sich an dem Kasten befinden soll, in dem ihre Schätze sich befinden.

Andere sahen sie so auf einem Steine sitzen und auf ihre Erlösung hoffen, für welche sie dann zum Dank den Schlüssel zu ihren Schätzen überreicht.

Erwähntes Benediktiner-Kloster soll von den oben genannten Grafen Erpho im Jahre 1170 nach dem Tode seiner Ehefrau Bertha von Neideck gegründet und der heil. Maria und dem heil. Johannes geweiht und im Jahre 1185 mit Bewilligung des Bischofs Otto von Bamberg auf die Zelle verlegt worden sein.

Vom Taufstein bei Neidhardtshausen

Dicht im Rücken des bei Neidhartshausen und Zelle gelegenen Hügels, auf welchem vor Zeiten die Burg der Grafen von Neidhardtshausen stand, erhebt sich schroff eine felsige Wand, die mit der Hochebene des Neubergs in Verbindung steht.

Der Taufstein wird die Gegend genannt und bietet von der Höhe des hier etwas weiter in das Feldatal vorspringenden Gebirges einen herrlichen Blick.

Ihren Namen soll sie von einer früher dort in dem Gestein vorgefundene Vertiefung, aus der einst der heilige Bonifacius die Heiden jener Gegend taufte, erhalten haben.

Dieser Felsen, auf dem der Apostel den Heiden das Licht brachte, duldet nach Aussage eines alten Forstmannes in seiner nächsten Umgebung keine Nebel.

Der Nebel kann noch so dicht sein. Er zerbricht an diesem Felsen und löst sich auf.

Auch erzählt eine Sage davon, dass der Taufstein, eine Opferstätte der Heiden gewesen sei.

Mit Jubel und Gesang trafen sich hier die Heiden und brachten lebende Tiere und zahlreiche Früchte ihren Göttern dar.

Im flackernden Schein angezündeter Fackeln ging es hoch her.

Gezecht und geschmaust wurde die ganze Nacht bis zum frühen Morgen.

Den einstimmigen Erzählungen alter Geschichtsschreiber zufolge sollen auch erstgeborene Kinder als Opfergabe dargebracht worden sein.

Lange Zeit zog noch von dort her über den Neuberg herüber, vorbei ziehend am Horn nach Urnshausen das *„wütheninge Heer"* mit *der „Frau Holl"* an der Spitze. Von hier aus hetzte es über den Gottesacker nach dem Schönsee, brauste die Stoffelskuppe hinauf und hielt seinen Einzug in Wiesenthal.

Ob es nun wirklich das *„wütheninge Heer"* war oder nur ein orkanartiger Sturm weiß heute keiner mehr zu sagen.

*

Der Teufel im ehemaligen Kapuziner-Kloster zu Dermbach

Einmal hatte der Teufel einem der seinigen, mehrere Säcke voll Getreide versprochen. Er machte sich daher auf den Weg zu den Klosterbrüdern.

Im Klostergarten, auf dem fruchtbaren Boden gedieh alles reichlich so auch das Getreide. Nachdem er aus dem Erdloch gekrochen war, begann er hier gehörig einzusacken.

Da er dabei nicht gerade leise zu Werke ging, bekamen es die Klosterbrüder mit, dass da irgendeine fremde Person im Garten sein musste.

Sofort eilten die Klosterbrüder in den Klostergarten.

Und was sahen sie da?

Den Bösen beim Einsacken des Getreides.

„Das kann doch nicht sein", sagte ein Klosterbruder zu den anderen.

„Los den schnappen wir uns", antwortete dieser sofort.

Mutig gingen die Klosterbrüder auf den Teufel zu, denn sie wussten, dass er ihnen als heilige Männer nichts anhaben konnte.

Dieser war so beschäftigt mit dem Einsacken des Getreides, das er es nicht mitbekam, dass da wer auf ihn zu kam.

Die Klosterbrüder machten schnell ihre geweihten Stricke los und hieben damit auf Herrn Urian von allen Seiten ein.

Der Teufel richtete sich auf und hielt schützend seine Arme vor sein Antlitz.

Mit jedem Schlag, der saß, verzog sich das Gesicht des Satans immer mehr zu einer wutverzerrten Grimasse.

Windelweich geschlagen krümmte er sich schließlich vor Schmerzen und brüllte laut wie ein Löwe.

Die ganze Nachbarschaft wurde aus dem Schlaf gerissen und beobachteten von ihren Fenstern aus mit Genugtuung wie der Teufel, von dem Klosterbrüdern verprügelt wurde.

Endlich hatte es der Teufel satt und er verschwand, einen feurigen Schweif hinter sich herziehend mit Donner und Getöse in dem Erdloch, aus dem er gekommen war.

Schwarze Männer bei Dermbach

Rechts von der Straße nach Oechsen befindet sich im Walde eine kleine Lichtung. Quer über deren freie Fläche windet sich einer mit Fahrspuren zerwühlter Weg, durch das grüne Gras zum Waldrand, um dort im dichten Unterholz zu verschwinden.

Bienen Summen und Hummeln brummen.

Die Luft ist erfüllt vom Fideln und Schnarren, Zirpen und Knarren der Heuschrecken. Aufgeregt flattern hübsche Schmetterling von Blume zu Blume.

Dort labt sich ein leuchtend gelber Zitronenfalter an der rosaroten Kleeblüte.

Mit riesen Sprüngen hetzt Meister Lampe über die Blumen übersäte Fläche und flüchtet in Richtung des nahen Waldes.

Schon oft wurde der dieser Weg von ahnungslosen Wanderern genutzt.

Plötzlich lautes Knacken im nahen Gebüsch.

Aufgeschreckt stieben Kaninchen durchs Unterholz und über bemooste Wurzelknollen.

Die Zweige des Gestrüpps teilten sich und ein riesengroßer schwarze Mann trat auf die Lichtung heraus.

Erschrocken ergriffen jedes Mal die Vorüberwandelnden, überhastet die Flucht.

Erst wenn sie glaubten in Sicherheit zu sein, blieben sie in genügend weiter Entfernung stehen und schauten sich um.

Von dem riesengroßen schwarzen Mann war nichts mehr zu sehen.

Es soll aber noch weitere riesengroße Männer in dieser Gegend gegeben haben.

Der eine zeigte sich oft am Dermbacher Galgen, um hier die Menschen zu erschrecken.

Und den Dritten, den kannte man aber. Er soll aus Glasbach stammen. Sein Weg führte immer an dem Teich in der Nähe des weißen Borns entlang.

*

Auf dem Stein bei Dermbach

Eines Tages wurden die Musikanten von Dermbach, auf dem Abend von einem Unbekannten zum Spielen bestellt.

„Bei wem sollen wir denn spielen?", wollten sie wissen.

„Das braucht ihr nicht zu wissen. Ihr werdet gegen Abend auf jeden Fall in einer Kutsche nach dem Tanzplatz hin abgeholt. Dort braucht ihr nur bis gegen Mitternacht zu spielen. Werdet auch dafür tüchtig bezahlt", war die Antwort.

Die Musikanten waren damit zufrieden und hatten weiter keine Fragen.

Abends traf, wie besprochen die Kutsche ein.

Die Musikanten stiegen ein und ab, ging die Post.

Als endlich der Wagen hielt, sahen sie, dass sie bei einer großen Gesellschaft, Jung und Alt, auf dem Stein neben dem sogenannten alten Schloss angekommen waren.

Die Musikanten spielten auf.

Bald tanzte die Gesellschaft ausgelassen über die Tanzfläche.

Sie schwebten nur noch so über das Parkett.

Nach jeder Runde gab es harte Taler und von Einzelnen noch etwas oben drauf.

Auch zu essen und zu trinken gab es im Überfluss.

Als die Musikanten gegen Mitternacht verabschiedet wurden, erklärten sie dem lustigen Völkchen: „Wir würden gerne noch bis zum hellen Morgen für Euch aufspielen."

„Das ist nicht notwendig", erfolgte deutlich die Ablehnung.

Die Musikanten traten nun den Rückzug an.

Vor Dermbach fiel es einen der Musikanten ein, sein Tasche in den Hut auszuleeren.

Er wollte einmal nach zählen, wie viel er droben beim Spiel eingenommen hatte.

Siehe da!

Die harten Taler samt dem Einzelnen hatten sich alle in Porzellan- und Glasscherben verwandelt.

Seinen Kameraden aber erging es nicht besser.

Jetzt erst viel es ihnen ein, da es Walpurgisnacht war, sie konnten nur den Hexen aufgespielt haben.

Auch wollte einmal Einer aus Dermbach den Hexentanz droben auf dem Stein mit ansehen, von den Hexen aber selbst nicht erkannt werden.

Er unterhielt sich mit seinen Kumpanen darüber. Die gaben ihm den guten Rat: „Nimm ein Ei mit, wenn du zu den Hexen hingehst."

„Warum ein Ei?"

„Nicht irgendein Ei. Sondern ein Ei von einer schwarzen Henne das dies vor Tagesanbruch gelegt hat."

„Wirklich!"

„Du wirst es sehen, die Hexen werden dich nicht entdecken."

Er befolgte den gut gemeinten Rat.

Und wirklich er konnte sich den Hexentanz dort droben so richtig mit ansehen, ohne erkannt zu werden.

Am anderen Tag konnte er alle die benennen, die den Tanz mitgemacht hatten.

✳

Vom alten Schloss bei Dermbach

Am Wege von Dermbach nach Tann, zwischen dem weißen und schwarzen Born stand einst auf dem südöstlichen Vorsprung ein stolzes Schloss.

Dieses Schloss wurde einst von ebenso stolzen Rittern bewohnt.

Die hatten eine Schwester, die wegen ihrer außerordentlichen Schönheit in der ganzen Gegend bekannt war.

Ausgerechnet ein Mönch aus Kloster Zelle entbrannte in heftiger Liebe zu ihr.

Durch allerlei Versprechungen und durch das Vorgaukeln von vielerlei Tatsachen brachte er das Fräulein nach und nach dahin, dass sie ihm heimlich ins Kloster folgte.

Hier versteckte der Mönch, die außerordentliche Schönheit hinter einem Heiligenbild.

Nicht nur für einen Tag oder eine Woche, sondern für Monate.

Als die Brüder mitbekamen, dass ihre Schwester verschwunden war, machten sie sich sofort auf die Suche nach ihr.

Vergeblich suchten sie die Umgegend nach ihr ab, von der Schwester war keine Spur zu finden.

Die Brüder aber gaben keine Ruhe und suchten weiter.

Eines Tages, wie es auch immer gewesen sei, entdeckten sie den Aufenthalt ihrer Schwester.

Es war das Kloster Zelle.

Bewaffnet mit Spieß, Schwertern und Hellebarden brachen sie gewaltsam in das Kloster ein.

Durchsuchten das Kloster von Keller bis zum Dach und fanden die Schwester letztendlich im Versteck hinter dem Heiligenbild.

Jubelnd führten sie ihre Schwester nach dem Schloss zurück.

Hier starb diese nach kurzer Zeit.

Jedoch hat sie bis zum heutigen Tage in ihrem Grabe keine Ruhe finden können. Sie zeigt sich alle sieben Jahre auf dem Trümmerfeld, zwischen Geröll und des ehemaligen prächtigen Schlosses.

*

Von dem weißen Fräulein auf dem alten Schloss bei Dermbach

Alle sieben Jahre lässt sich auf dem sogenannten alten Schloss bei Dermbach das verwünschte Fräulein sehen. Sie ist bildschön von Antlitz und Gestalt, hat goldblonde Locken, trägt ein schneeweißes Gewand und einen glitzernden Schlüsselbund am goldenen Gürtel.

Eines Morgens wollte eine arme junge Frau von Dermbach, nachdem sie ihr säugendes Kind gestillt und eingeschläfert hatte, in den Wald gehen, um Holz zu holen. Sie brauchte es zum Beheizen ihrer ärmlichen Wohnstube.

Ihr Weg führte am alten Schloss vorüber.

Als sie auf der Höhe des Schlosses angekommen war, blieb sie vor Schreck stehen.

Vor ihr stand die weiße Jungfrau.

Diese blickte mit ihren großen blauen Augen freundlich die junge Frau an.

Da nahm sich die Frau ein Herz und stellte die Frage: „Jungfrau was ist euer begehren? ... Wie kann ich euch helfen?"

Darauf winkte ihr die Jungfer holdselig zu ihr zu folgen.

Die junge Frau ließ sich nicht lange bitten und folgte der Jungfer.

Es ging zu einem großen Gewölbe hin, dass die Frau noch nie gesehen hatte.

Auch die große schwere Tür hatte sie noch nie gesehen.

Mithilfe eines großen Schlüssels öffnete die Jungfer die Tür. Die gar schauerlich in ihren verrosteten Angeln schrecklich quietschte.

Mit wenigen Schritten standen sie in einem großen Gewölbe.

Hier schloss die Jungfer eine Truhe nach der anderen vor den Augen der Frau auf.

Vor Erstaunen über den Reichtum stand die Frau für einen Moment sprachlos da und schlug dann die Hände über den Kopf zusammen.

Die Jungfer lächelte und sprach: „Siehe, all das Gold, Silber und Edelstein gehört demjenigen, der mich erlöst. Willst Du nun, dass dies alles Dein werde, so eile hinunter in dein Haus und hole dein unschuldiges Kindlein auf das Schloss. Bringe auch ein weißes Tüchlein mit, dieses breite draußen vor der Tür aus und setze dein Kindlein darauf; ich werde dann dasselbe dreimal küssen, ohne ihm auch das geringste Leid anzutun; dann bin ich erlöst und Du bist die reichste Frau im Umkreis. Doch muss ich Dir noch sagen, dass ich dann nicht in der jetzigen Gestalt erscheine. Du brauchst jedoch nicht zu erschrecken, denn Dir, wie deinem Kindlein wird und kann, wie ich Dir schon gesagt, kein Leid geschehen."

Bei dieser Rede seufzte die Frau tief auf; doch die unermesslichen Reichtümer, die sie hier vor Augen hatte, benahm ihr bald jedes bedenken.

Sie eilte schnell nach Hause, holte ihr Kind und das weiße Tüchlein und tat dann oben auf dem Schlossberg, wie ihr geheißen.

Kaum hatte sie das Kind auf das Tuch gelegt und sich einige Schritte davon zurückgezogen, als auch schon eine Menge Ungeziefer um das Tuch herum zu kriechen begann, ohne jedoch das Kind zu belästigen.

Schon klopfte der Frau das Herz in banger Erwartung bis zum Hals und aber auch vor Angst.

Eine Mächtige wohl an 20 Fuß lange Schlange mit dem Gesicht der Jungfrau kam herangekrochen und näherte sich dem Kind.

Das war dann zu viel. Die Angst um ihr Kind presste der entsetzten Mutter das Herz zusammen.

Mit einem lauten Schrei kam sie der Schlange zuvor, raffte Kind und Tüchlein auf und stürzte, während die Schlange ihr nachseufzte, den Berg hinunter ihrem Hause zu.

Auch die alte Gänsehirtin und noch viele andere sahen die weiße Frau, wie sie dreimal um eine Buche herumwandelte und sehnsüchtig nach ihnen hin winkte. Sie wollte erlöst werden.

Das aber verstanden die Weibsleute nicht und machten jedes Mal, dass sie davon kamen. Im davon laufen aber hörten sie, die weiße Jungfrau noch dreimal gar arg seufzen.

*

Von den Schatzgräbern auf dem alten Schloss

In dem Keller, dem einzigen sichtbaren Überrest des alten Schlosses bei Dermbach sollen noch unermessliche Schätze an Gold und Silber begraben liegen.

Man munkelt davon, dass derjenige der es versteht, diese Schätze zu heben, einer der reichsten Männer der Gegend wird.

Dieser man muss schon bestimmte Voraussetzungen mit sich bringen und mehr können als nur Brot essen.

Ganz einfach.

Der Schatz wird von einem bösen Geist in Gestalt eines riesigen Bären bewacht.

Viele haben es versucht.

Aber vergeblich.

So kamen auch einige Bauern vom Glattbacher Hof, die recht überheblich von sich dachten, gar übel an.

Sie machten sich, nichts Böses ahnend, in einer geeigneten Nacht mit allerlei Werkzeug zum Graben und Brechen auf den Weg zum alten Schloss.

Hier machten sie sich sofort ans Werk.

Sie buddelten, buddelten und buddelten!

Endlich nach langer, mühevoller Arbeit leuchtete ihnen der Schatz in einer Felsenspalte entgegen.

Gleichzeitig war hinter ihren Rücken ein entsetzliches Brummen zu vernehmen.

Wie der Blitz fuhren die Schatzgräber herum und ließen vor Schrecken das Werkzeug fallen.

Fluchtartig verließen sie den Felsspalt, stürzten Hals über Kopf aus dem Gewölbe, über den Hof ins frei.

Hier angekommen dankten sie Gott im Stillen, dass sie mit heiler Haut aus den Klauen des riesigen Wächters, den sie dicht hinter sich glaubten gesehen zu haben, entronnen waren.

Eine offenstehende Tür mit zwei wunderschönen Pfeilern, die den Eingang zu den Schätzen bezeichnen, wollen noch viele dort droben gesehen haben.

*

Vom „wütigen" Heer zu Dermbach

Das *„wütige"* Heer kam einmal vom Geiser Wald her, dort war der Wind zum Sturm geworden, die Bäume fingen an zu krachen.

Der Staub und die Laubblätter auf den Waldwegen wirbelten in die Höhe.

Heulen und Sausen, als wollte sich ein furchtbarer Sturm erheben.

Seltsames Getöse und Brausen zog über den Emberg herunter nach Dermbach.

Es war kein gewöhnlicher Wind, Sturm oder gar Orkan.

Begleitet von unheimlich heulender Musik kam es bei schwindenden Tageslicht herangezogen, dass es den einsamen Beobachter grausen konnte.

So erging es einigen Weibsleute aus Dermbach, die zu dieser Stunde vor ihrem Haus standen.

In kleinen Gruppen standen sie vor ihren Türen und beobachteten das schaurige Treiben des „wütigen" Heeres, das bei plötzlich aufheulenden schauerlichen Wind vorbei zog.

Furchtbares Krachen und lautes Geheul.

Den Weibsleuten war der Schreck in die Glieder gefahren, mit weitaufgerissenen Augen verfolgten sie das spukhafte Treiben.

Das „wütige" Heer zog singend durch die Straßen des Ortes.

Gespenstische Wesen, die zu ihrem Lebzeiten manche üble Freveltat vollbrachten, wurden hier vom Teufel in rastloser, stürmischer Unruhe durch die Lüfte getrieben.

Im Sturmwind zogen sie dahin.

Ganz deutlich war zu sehen, wie der letzte im Zuge seine Gedärme auf dem Arm mit sich forttrug.

Die Weibsleute bekreuzigten sich schnell und sahen sich dabei schweigsam an.

Eine konnte jedoch nicht den Mund halten und sagte eitel und ganz leise zu den anderen: „Der ist aber schlecht zu Fuß, mit seinen Gedärmen auf dem Arm."

Das Gespenst aber hörte es und antwortete: „Mir geht es nicht schlechter und ich habe nicht mehr Schmerzen, als wenn du dich am Samstag wäscht und mit nassen Haaren zu Bette gehst."

Jaulend zog das „wütige" Heer seines Wegs.

Erst wenn die Turmuhr das Ende der Geisterstunde anzeigte, hatte der Spuk sein Ende.

Vom Baier

Der höchste und schönste von der Sachsenburg aus in den Feldagrund vorgeschobene Basaltkegel der Vorderröhn ist der Baier oder Baiersberg.

Der Baier bildet die mächtigste Basaltkuppe (714 m) der Thüringischen Rhön.

Er beherrscht den kleinen Kessel des Feldatales bei Dermbach.

Die Wallanlage auf dem Berg stammt aus der Latène-Zeit und umfasst zwei doppelte Steinwälle (Stärke ca. 3m), die den Gipfelbereich des Berges umgeben.

Die Anlage wurde im Jahre 1903 von Oberleutnant Stapff entdeckt.

Auf dem Baier befand sich demnach um 600 v. u. Z. eine keltische Siedlung.

Auf der Ostseite finden sich kleinere Steinwälle, die wahrscheinlich ehemalige Wohnbereiche bildeten.

Im Hangbereich befinden sich an mehreren Stellen Wohnebenen und Ackerterrassen, die vermuten lassen, dass auch außerhalb des befestigten Gipfelbereichs Teile des Berges besiedelt waren.

Etwa 600 m unterhalb des Gipfelbereiches auf dem Südwesthang befindet sich ein Grabhügelfeld, bestehend aus verschieden großen Hügeln.

400 bis 500 m südwestlich der Kuppe findet man auseinanderliegend nochmals 3 bis 5 Grabhügel.

Viele Sagen ranken sich um den Bayer.

Die eine Sage erzählt davon, dass im Inneren des Bayers noch immer ein unheimliches Feuer fortglüht und dieses im

Berg ein dumpfes Rollen erzeugt, welches bis heute noch gehört werden soll.

Andere sprechen wieder davon, der ganze Berg sei hohl und mit Wasser ausgefüllt.

Noch andere wollten wissen, dass vor uralten Zeiten in dem Inneren des Berges ein großes Schloss stand.

In welchem ein riesiges Rittergeschlecht gehaust haben soll.

Der Letzte der Ritter hätte dann seine Frau auf dem Berg bei Fischbach begraben.

Der Ritter wurde, nach dem er seiner Frau gefolgt war, auf dem Hessenberg beigesetzt.

Beide Gräber wurden mit großen Steinhaufen bedeckt.

Ein Knabe, der einst über den Baiershof, rechts vom Goldbörnchen, Heilkräuter suchte, soll plötzlich vor der Pforte gestanden haben, die zu dem geheimnisvollen Schloss führte.

Erstaunt blieb er für einen Moment stehen.

Das konnte nicht mit rechten Dingen zu gehen.

Ein kalter Schauer lief den Knaben den Rücken runter.

Ein Angstgefühl bemächtigte sich seiner, dass ihm in seinem Unterbewusstsein riet nicht durch das Tor auf den Schloßhof zu gehen.

Er machte kehrt, lief sofort zu seiner nicht weit von ihm, beschäftigte Großmutter, um diese herbeizuholen.

Doch als er mit dieser an den Platz zurückkam, war alles wieder verschwunden.

Nichts war mehr zu sehen.

Das „verwunschene" Schloss am Baier

a.

Das verwunschen Schloss am Baier stand am Hahl (Haal), am Wege von Oberalba nach Oechsen zu.

Vor Jahren waren hier noch die Keller zu erblicken, die sich einst unter dem Schloss befanden.

Schatzgräber haben in der Vergangenheit und auch heute vielfach dort ihr Glück versucht.

Vergeblich!

Ein Mann von Oberalba, als er um Mitternacht da vorüber musste, soll aus dem Nichts heraus das Schloss gesehen haben.

Und nicht nur das Schloss.

Eine Schar wildaussehender Jäger mit langen Bärten und mit vielen Falten und Runzeln in ihren Gesichtern saßen vor demselben und zechten an einer Tafel, die hell beleuchtet war.

Hoch ging es dabei her.

b.

Von dem Schlosse auf dem Baier machte auch folgende Sage die Runde:

Einstmals hütete die bildschöne Tochter des Kuhhirten von Unteralba ihre Herde am Baier, dabei sah sie zu, wie die Kühe friedlich das Gras fraßen.

Wie es sich für eine Kuhhirtin gehörte.

Eines Tages bemerkte sie, das eine Kuh im nahen Wald verschwand.

Sie dachte sich nichts weiter dabei, denn abends beim Heimtrieb war die Kuh wieder da.

Am nächsten Tag, das gleiche Schauspiel.

Eine Kuh entfernte sich von der Herde und verschwand wieder im Wald.

Abends jedoch vor dem nach Hause treiben tauchte sie wieder auf.

So ging das einige Tage noch weiter.

Am sechsten Tag folgte das Mädchen, aus reiner Neugierde, dem Tier in den Wald. Erst ging es über staubige Waldwege, dann durch dichtes Gestrüpp und über eine grasbewachsene Lichtung.

Das Mädchen blieb dem Tier auf den Fersen und sah zu ihrem größten Erstaunen wie die Kuh durch ein offenes Tor, auf den Hof eines prächtigen Schlosses trabte.

Das Mädchen, das nie etwas von dem Schloss gehört und gesehen hatte, blieb einen Augenblick erschrocken stehen, fasste sich dann aber bald ein Herz und folgte der Kuh durch das Tor nach.

Kaum hatte sie den Schloßhof betreten, als ihr ein stattlicher Junker entgegentrat, sie bei ihrem Namen nannte und mit einschmeichelnden Worten fragte: „Schöne Maid, sind sie geneigt, mich zu ihrem Ehegemahl zu nehmen und mit mir in dem prächtigen Schloss zu wohnen?"

Das Mädchen betrachte den schönen Junker und antwortete: „Ja, das möchte ich!"

Hocherfreut führte sie dieser nun in das Schloss und zeigte ihr all die prachtvollen Gemächer und die kostbaren gold- und silberdurchwirkten Kleider, sodass ihr Herz vor Lust und Freude aufjauchzte.

Als dies der Junker gewahrte, wiederholte er seine Frage, knüpfte aber diesmal die Bedingung daran, dass, wenn sie dies alles und noch viel mehr besitzen wolle, sie ihm zu ihrem beiderseitigen Glück noch fest geloben müsse, ihm eine Reihe von Jahren, es komme, was da wolle, durchaus nicht zu zürnen.

Das Hirtenmädchen ging freudig auf alles ein.

Sie wurde nun sofort in die kostbaren Gewänder gekleidet und lebte als Ehefrau herrlich und in Freuden.

Auch gebar sie dem Junker nacheinander zwei bildschöne Knaben.

Sie liebte ihren Eheherrn so sehr, dass sie ihm selbst nicht zürnte, als er ihr jedes der Kinder bald nach der Geburt derselben, während sie schlief, wegnehmen ließ.

Doch als sie den dritten Knaben zur Welt gebracht hatte und ihr dieser, wie die Übrigen eines Morgens genommen wurde, da empörte sich aus Liebe zu ihren Kindern ihr Herz, sodass sie ihr Gelöbnis vergaß.

Ihr Gemahl stellte ihr die Frage: „Ob sie ihn noch nicht zürne?"

Diesmal lautete ihre Antwort jedoch: „Da fragst du noch? Ich bin zornig auf dich! Wo sind unsere Kinder?"

Kaum waren diese Worte über ihre Lippen gekommen, als den Junker eine große Traurigkeit befiel, in welcher er ihr kund tat: „Von nun an ist unser beiderseitiges Glück auf immer dahin."

„Wieso ist unser beiderseitiges Glück dahin?"

„Vor vielen, vielen Jahren ist das Schloss mit allen Bewohnern verwünscht und verflucht worden. Durch dich allein, wenn du deinem Gelübde treu geblieben wärst, hätte der Bann gebrochen werden können und du hättest deine Kinder wieder zurückerhalten. Nun ist aber alles verloren."

Die Hirtentochter verfiel hierauf in einen tiefen Schlaf, und als sie erwachte, befand sie sich in ihren alten Kleidern einsam mitten in der Tiefe des Waldes wieder.

*

Vom Goldborn am Baier

Eine kleine Strecke im Walde über den Baiershof, links vom Fußpfad, der nach der Kuppe des Berges führt, rieselt im Schatten üppigen Baumwuchses, zwischen den wild durcheinanderliegenden Basaltblöcken eine Quelle, die der Goldborn genannt wird und in früheren Zeiten viel von Erz- und Mineraliensucher besucht wurde.

Mit ihrem Tun erregten diese Menschen jedoch die Neugierde der umliegenden Ortschaften und so blieben sie in der Zukunft dem Goldborn fern.

Von den letzten der Welschen, der den Goldborn besuchte, machen immerhin noch zwei Sagen unter der Bevölkerung ihre Runde.

Die am häufigsten vorkommende Überlieferung hatte folgende Geschichte zum Inhalt:

Der Letzte jener geheimnisvollen Fremden, die den Baier besuchten, nahm eines Tages von dem Pächter Pempel auf dem Baiershof, bei welchem er sich jedes Mal einquartiert hatte, Abschied. Andere behaupteten es wäre nicht der Pempel gewesen, sondern der Hosenschneider von Weilar, von dem er sich verabschiedet hätte.

Das ist hier aber egal.

Es geht darum, was später geschah.

Beim Abschied sprach der geheimnisvolle Fremde zu diesem: „Freund, ich werde nun nicht wieder an den Baier kommen. Gott lohn Euch das Gute, was Ihr an mir getan. Solltet Ihr einmal nach der Stadt Gotha kommen, dann sucht mich dort auf, mein Name ist so und so."

Mit diesen Worten wandte sich der Fremde und ging talwärts.

Jahre waren seitdem vergangen, da musste der Pächter zufällig nach Gotha, und da ihm dort auch der Erz- und Mineralsucher wieder in den Sinn kam, erkundigte er sich nach seiner Wohnung.

Man zeigte ihm den Weg zu einem der schönsten und größten Häuser der Stadt.

Dem Pächter wollte es nicht einleuchten, dass der arme Welsche so prächtig wohne, so erkundigte er sich vor dem Haus nochmals bei einem Vorübergehenden nach seinen alten Bekannten.

Doch ehe der Gefragte dem Pächter antwortete, rief Letzteren ein am Fenster des Hauses stehender vornehmer Herr zu: „Er sei ganz recht und möge nur zu ihm hinauf kommen."

Von diesem wurde er denn herzlich willkommen geheißen.

„Wer sind sie. Ich kann mich beim besten Willen nicht an sie erinnern."

Ohne darauf zu antworten verschwand der vornehme Herr für einen Augenblick durch eine Seitentür und trat dann in seinem ehemaligen ärmlichen Kleide vor dem Pächter hin.

Jetzt erkannte dieser seinen alten Freund sofort wieder.

In der folgenden Unterhaltung teilte ihm der Welsche mit, wie der Goldborn ihn aus einem Armen zu einem Reichen gemacht habe. Da es ihm dann auch noch in Thüringen gefallen habe, ließ er sich daraufhin in der Stadt Gotha nieder.

„Ich bitte dich sei mindestens einen Tag lang mein Gast", mit diesen Worten beendete der Welsche sein Gespräch.

Was sich der Pächter, dann auch gern gefallen ließ.

Der Erz- und Mineraliensucher bewirtete ihn auf das Köstlichste und entließ ihn reichbeschenkt mit den Worten: „Vergesst nicht, Freund, dass in euren Bergen mancher mit einem Stein nach einer Kuh wirft, der oft mehr wert ist als diese selbst."

Die zweite Sage hat ein anderes Geschehen zum Inhalt.

Vor langen, langen Jahren näherte sich auf dem staubigen Weg eine prächtige Kutsche dem Baiershof.

Vor des Pächters Wohnung hielt die Kutsche an.

Die Tür der Droschke öffnete sich und es stiegen zwei vornehme Herren aus ihr aus.

Ohne sich für irgendwen oder etwas anderes zu interessieren, gingen sie schnurstracks zu dem Wald hinauf. Hier verschwanden sie im dichten Unterholz.

Lange Zeit war von den zwei vornehmen Herren nichts mehr zu hören, geschweige zu sehen.

Endlich tauchten sie am Waldrand wieder auf und schauten sich nach allen Seiten um.

Nach kurzem Zögern machten sie sich auf den Weg zum Haus des Pächters.

Hier klopften sie kräftig gegen die Tür.

Auf das „Herein!" des Pächters traten beide in die Hütte ein.

Einer derselben war ein Greis und er stellte dem Pächter die Frage: „Erkennst du mich denn nicht wieder?"

„Wieso soll ich sie wieder erkennen? Wer sind sie denn überhaupt?" war die erstaunte Antwort.

„Ich werde gleich wieder hier sein!", sprach der Fremde und ging zur Kutsche.

Der andere Fremde schaute den Pächter an, sagte aber kein Wort.

Da öffnete sich auch schon wieder die Tür und der Greis kam in der Kleidung des Erz- und Mineraliensucher herein, der früher den Berg besucht hatte.

Verblüfft schaute der Pächter, den herein Gekommenen an, dann begann es, bei ihm zu dämmern.

Er wusste jetzt wer da vor ihm stand.

Es war einer der letzten Welschen, die sich hier herumgetrieben hatten.

Bei einem guten Glase Wein, den der Gast aus seiner Kutsche herbeibringen ließ, erzählte er seinem alten Freund, wie er durch das viele Gold, welches er oben in dem Goldborn gewonnen, ein steinreicher Mann geworden sei. Nun habe ihn die Sehnsucht und Dankbarkeit noch einmal hierher getrieben; auch habe er seinem hier anwesenden Sohn vor seinem Ende gern noch einmal den Quell ihrer Reichtümer zeigen wollen. Dies sei der Grund, dass er in seinen alten Tagen, sich noch einmal auf die Reise begeben habe. Gold würde keiner mehr aus dem Borne gewinnen.

Vor seiner Abreise beschenkte er noch reichlich den Pächter und schied auf Nimmerwiedersehen.

Die Allgemeinheit aber glaubte, dass dieser letzte Welsche den Born durch Quecksilber so vergiftet habe, dass seine Goldader nicht mehr fließt.

Seit seinem Besuch soll der Brunnen nur noch spärlich rieseln, während er vorher stark gesprudelt habe.

Alte Leute erzählen außerdem noch, dass gegen das Ende des 17. Jahrhunderts die Frau des Generals Georg Philipp von

Boyneburg vom Rittersitz Gehaus sich in einem Sessel zum Goldborn hinauftragen ließ.

Sofort ließ sie mit der Suche nach dem Gold beginnen.

Gewühle im Schlamm.

Der herausgegrabene und gereinigte Schlamm enthielt so viele Goldkörner, dass sie sich schöne große Ohrgehänge anfertigen lassen konnte.

*

Die nächtliche Holzabzählung am Baier

Es war vor zwei Jahren gerade um die jetzige Zeit, wo der Waldmeister blüht, als eine Frau mit einem Manne nach dem Baier hinauf ging, um Einbeerblätter, die so gut für die schwarzen Blattern sind, einzusammeln.

Wenn man die Einbeere das erste Mal in einem Buchenwald sieht, glaubt man entweder, die Natur hätte sich bei ihrer Erschaffung einen Scherz erlaubt, weil die Pflanze mit ihren vier Blättern und ihren einzelnen Blüten bzw. Beeren so seltsam aussieht.

Nebenbei wollten sie sich auch einmal nach der tausendfarbigen Glücksblume umsehen, die einzig und allein dort droben blühen soll.

Aber der Baier ist hoch und das Umherklettern macht müde Beine, daher setzten sie sich ein wenig nieder und sprachen von dem und jenem.

Der Mann erzählte dann auch, dass er von dem verstorbenen Polizisten und einigen Holzhauer mehrmals die seltsame

Geschichte von der nächtlichen Holzabzählung am Baier, welche sich alle sieben Jahre wiederholen soll, gehört habe.

Ich kenne sie genau, deswegen hört gut zu.

Es war auch einmal ein Schlag da oben, auch als Waldfläche bekannt, als gerade die sieben Jahre wieder herum waren.

Baier - Mächtigste Basaltkuppe der Thüringischen Rhön

Wieder wurde von dort Holz gestohlen.

So blieb den Förster nichts anderes übrig als den Polizisten und einige Holzhauer um Hilfe zu bitten.

Sie sollten einen weiteren Diebstahl verhindern.

Der Polizist und die Holzhauer zogen des Nachts, dort an der Stelle, wo der Diebstahl immer geschah, auf Wache auf.

Die Glocke unten im Dorf schlug 11.

Was war das?

Was geschah da plötzlich?

Soweit die auf Wache aufgestellten Männer blicken konnten schossen auf einmal wie Pilze aus der Erde, zwischen den Bäumen eine Menge Holz- und Reisigstöße, empor.

Und nicht nur das.

Der ganze Berg wimmelte alsbald auch von unheimlichen schwarzen Gestalten, lauter Hexenzeug und Teufelspack, das sich leise einander die Worte zuflüsterte: „Das ist mein Holz."

„Das ist mein Reisig."

Dem Polizisten und den Holzhauern stand der Angstschweiß auf der Stirn.

Eine volle Stunde lang dauerte der Spuk.

Während dieser Zeit wagte keiner von den Wachposten, so hatte sie das Grausen gepackt, nur einen Fuß zu bewegen.

Drunten im Tal schlug die Glocke endlich zwölf.

Mit den verklingen des letzten Glockenschlages war auf einmal alles verschwunden, das Holz, das Reisig samt den schwarzen Gesellen.

Kaum waren die letzten Worte der Geschichte über die Lippen gekommen, da kam ein großer, beinklapperdürrer Hase an gehoppelt und setzte sich den beiden gegenüber ins Gras.

Ein Hase ist sonst ein furchtsames Tier.

Er machte gegenüber den beiden ein Männchen und sah den beiden dreist in die Augen.

Gleich darauf saß ein Zweiter neben dem ersten und überall knisterte und knackte es in dem Gebüsch.

Da überfiel der Frau eine solche Angst, dass sie meinte ihr eigenes Herz klopfen zu hören.

Sie raffte hurtig ihre Kräuter zusammen, fasste nach dem Arme des Mannes und hurtig ging es den Berg Hals über Kopf hinunter.

Keine zehn Pferde würde sie wieder auf den Berg hinauf bringen.

*

Von der „Wannerecke" am Baier

In südöstlicher Richtung vom Baierhof zieht sich aufwärts in den dunklen Buchenwald eine duftende Bergwiese hinein.

An ihrem obersten Ende bildet der Wald eine düstere Ecke, die man die Wannerecke nennt.

Im Volksmund wird diese Ecke auch die Spukecke genannt.

Immer wenn der Tag zu Ende geht und die Sonne hinter den westlichen Basaltkuppen des Bayers verschwindet, hört man hier an bestimmten Tagen das Brüllen einer weißen Kuh.

Das ist die Zeit, wo eine weiße Jungfrau vom Baier in zügigen Schritten herunter kommt. In der rechten Hand trägt sie einen Melkschemel und in der linken einen Eimer.

Bei der weißen Kuh bleibt sie stehen.

Stellt den Melkschemel und den Eimer ab.

Beruhigend spricht sie auf die Kuh ein, streicht ihr dabei mit der flachen Hand zärtlich über den Rücken und bindet sie an den starken Ast eines in der Nähe stehenden Baumes an.

Die Worte: „Ist schon gut", kommen dabei über ihre Lippen.

Die Kuh dreht etwas den Kopf zur Seite, als würde sie die Jungfrau verstehen.

Diese hat inzwischen den Melkschemel abgesetzt, auf diesen Platz genommen und den Eimer unter das Euter der Kuh abgestellt.

Sie greift an zwei der vier Zitzen und legt die Hände an die Zitzenwurzeln. Daumen und Zeigefinger bilden einen Ring.

Die übrigen Finger umfassen die Zitzen. Dann drückt sie leicht Daumen und Zeigefinger zusammen und schiebt die Milch mit den anderen Fingern aus der Zitze heraus.

Dies wiederholte sie mit der anderen Hand an der Nachbarzitze.

Wechselseitig schießt ein weißer Kuhmilchstrahl in den Eimer.

Stripp, strapp, strull und es dauert keine halbe Stunde bis der Eimer Dreiviertels mit Kuhmilch gefüllt war.

Den Eimer mit der Milch in die Hand nehmend lief die Jungfrau wieder den Berg hinauf und verschwand.

Noch einige Male brüllte die weiße Kuh und entschwindet in einen der dunklen Laubgänge des Buchenwaldes.

Von der weißen Kuh und der weißen Jungfrau wurde bis zu dem heutigen Tage nichts mehr gesehen.

*

Das graue Männchen und die Erzgräber am Baier

„Es kann über hundert Jahre her sein", so erzählte ein Greis in Gehaus, „als einmal fremde Leute hierher kamen und einige von hier mit auf dem Baier nahmen, um dort nach seltenen Erzen zu graben."

Diese mussten einen Gang in den Berg buddeln. Tiefer und tiefer drangen sie in den Felsen ein. Aber von dem seltenen Erz keine Spur. Noch tiefer ging es in den Berg hinein.

Auf einmal vernahmen sie ein eigenartiges Rauschen aus dem Inneren des Berges.

Sie hielten in ihrer Arbeit inne und schauten sich erstaunt an.

Lauter und lauter wurde das Rauschen, das in ein Brausen überging.

Sich umblickend bemerkten die Kerle oben am Eingang der Grube ein kleines graues Männchen, das sie mit ernsten Blicken musterte. „Ihr Toren ihr! Lasst ab von eurem unsinnigen Beginnen; wisst Ihr nicht, dass der ganze Baier voll Wasser ist, und dass, wenn Ihr so fortfahrt, das ganze Tal überflutet und in Gehaus Mann und Maus ertrinken wird?", redete es mit strengen Ton in der Stimme zu den Männern.

Als die von Gehaus das hörten, entsetzten sie sich, warfen die Grube schnell wieder zu, und dankten Gott für die zeitige Warnung.

Von dem kleinen Männchen war seitdem nichts mehr zu hören, geschweige das es noch gesehen wurde.

Die feurigen Männer am Baier

Ein junger Schäfer schlief einst in einer Sommernacht des Jahres 1856 in der Hütte unweit des Pferchs auf des Baiers Hochebene zwischen Hedwigshof und dem Busengraben.

Um Mitternacht wurde er durch das Bellen des Hundes und den Aufruhr der Schafe geweckt.

Diese liefen blökend wild hin und her über die mit Hürden eingeschlossene freie Rasenfläche.

Der junge Schäfer sprang auf, um nachzusehen, was da los sei.

Nichts fand er.

Sicherlich hatte er sich getäuscht.

Er legte sich wieder nieder.

Kaum war er eingeschlafen ging der Lärm aus Neue los.

„Was soll der Mist", schimpfte der Schäfer vor sich hin.

„Sind das etwa Diebe, die meine Schafe klauen wollen. Wartet nur, ich helfe euch schon auf die Sprünge", wetterte er lautstark los.

Mit der Pistole in der Hand lief er über die Weidefläche.

Schaute in alle Ecken.

Fand jedoch keine Beschädigung an der Einzäunung.

Hell schien der gelbe Mond vom sternenklaren Himmel.

Nirgends auch nur ein Wölkchen.

In der mondhellen Nacht konnte der junge Schäfer die ganze Gegend überblicken.

So sehr er auch versuchte, irgendetwas zu entdecken, was die Unruhe der Schafe ausgelöst hatte, blieb ergebnislos.

Nichts war zu entdecken.

Beruhigt legte er sich wieder hin und war Imnu wieder eingeschlafen.

Zum dritten Mal wurde er durch das Bellen des Hundes und den Aufruhr der jetzt durch die Hürden ausbrechenden Schafe von seinem Lager gejagt.

Kaum hatte er sich aufgerichtet erblickte er jetzt, nicht weit entfernt einen riesigen Feuerball wenige Meter über der Weide schweben.

Zwei grässliche Augen stierten ihn aus der glühenden Kugel an.

Schrecken und Furcht fesselten den Schäfer an die Hütte, denn er gedachte der Warnung seiner Eltern, die er mit unter Abends von der Herde aus heimlich in Weilar besuchte.

Sie hatten ihn davor gewarnt, sich nicht von feurigen Männern in die Irre leiten zu lassen oder sie auf seinen Rücken springen zu lassen.

Während dem war der Feuerball von Sekunde zu Sekunde gewachsen, hatte die Gestalt eines riesen großen Mannes, mit einem Sack auf dem Rücken, angenommen. Ohne sich weiter, um dem jungen Schäfer zu kümmern, lief dieser das Tal hinunter nach Oechsen.

Viele Einwohner der auf jener Hochebene gelegenen Dörfer wollen zu verschiedenen Zeiten jenen Feuerriesen ebenfalls gesehen haben.

Auch ist es noch nicht lange her, dass ein Mädchen vom Baiershof ein helles Feuer auf einer nahe gelegenen Wiese gewahrte.

Sie rief nach ihrem Vater, doch ehe dieser anlangte, war das Feuer schon verschwunden.

Die Schlüsselblume am Baier

Am Baier ging einst ein armer Mann, ein Deckenmacher von Gehaus, am Johannistag, um Saalweiden zu schneiden oder Kräuter zu suchen.

Er mag eine gute Stunde unterwegs gewesen sein, da gewahrte er dicht vor sich eine prächtige Blume.

Er rupfte diese heraus, um sie mit nach Hause zu nehmen.

Da sah er zu seiner Überraschung an der Wurzel einen alten mächtigen Schlüssel hängen.

Noch größer war sein Erstaunen, sich plötzlich vor einem gewölbten Eingang, der in den Berg führte, stehen zu sehen.

Er war in diesen Moment nicht im Stande zu begreifen, wie das geschehen konnte.

Waren da Zauberkräfte im Spiel?

Jetzt trat aus der Dunkelheit des Einganges, auch noch eine holdselige Jungfrau heraus.

Sie winkte ihm zu.

Als sich der erste Schrecken des armen Mannes gelegt, folgte er getrost der Jungfrau, die ihn durch einen langen, langen finsteren Gang in ein hell erleuchtetes Gewölbe führte.

„Nimm, so viel Du vermagst!", sagte hier die Jungfrau und deutete auf ein offenes Fass mit goldenem Weizen.

Der Mann zögerte erst, steckte aber eine Handvoll in die Tasche und verließ das Gewölbe.

An der Pforte hörte er nochmals die Stimme der Jungfrau, welche rief: „Vergiss das Beste nicht!"

Er aber war froh, als er den blauen Himmel wieder erblickte.

Er schritt, ohne sich noch einmal umzudrehen, rasch durch die Tür ins Freie.

Krachend flog hinter ihm die Tür ins Schloss.

Da erst fiel ihm ein, dass er die schöne Blume mit dem Schlüssel zurückgelassen hatte.

Er wollte umkehren, allein die Tür war verschwunden.

Nur blanker Felsen.

Ärgerlich griff er in die Tasche und warf den Weizen von sich, der ihm seiner Meinung jetzt auch nicht mehr helfen konnte.

In der Krone einer hohen Schwarzpappel, die am Wegesrand stand, saß ein Schwarm Krähen.

Sofort flatterte vom nahen Baum krächzend eine der Krähen, mit schwarzblau glänzenden Gefieder herbei.

Die Krähe landete flügelschlagend vor dem Mann auf der Rasenfläche, dort wo er die Weizenkörner hingeschmissen hatte.

Mit wahrer Gier stürzt sich der Vogel auf die Körner, pickt sie geschwind auf, um sie dann zu verschlucken.

Nicht ein Weizenkorn blieb liegen.

Den Hals lang streckend, den Schnabel aufreißend und gurgelnd: „Gulak, Gulak, Gulak!" rufend flatterte die Krähe zurück, zu ihren Artgenossen auf den nahen Baum.

Am anderen Tag wollte der arme Mann seine Taschen von den restlichen, in ihr stecken gebliebenen Weizenkörnern säubern.

Er griff mit seiner Hand in die Tasche und verspürte aber einige größere Gegenstände nur keine Weizenkörner.

Als er seine Hand aus der Tasche herauszog, musste er mit Erstaunen feststellen, dass sich die wenigen Weizenkörner, die in seiner Tasche stecken geblieben waren, in blanke Goldstücke verwandelt hatten.

Er ärgerte sich nun gewaltig darüber, dass er die anderen so leichtsinnig weggeworfen hatte.

*

Von den edlen Erzen am Baier

(Lengsfelder Amtsakten Anfang des 18. Jahrhunderts)

Als einst ein Stadt Lengsfelder Mann in der Abenddämmerung von Oberalba über den Baier heimwärts ging, sah er in der Nähe des Hofes Fischbach unweit des Weges ein Feuer brennen.

Eine gute Gelegenheit, seine Pfeife anzuzünden, dachte er.

Er ging kurz entschlossen darauf zu.

Auch vernahm er Kinderstimmen, sah aber weder Kinder, noch verstand er, was sie riefen.

„Hallo! Wer ist da?", rief er darauf mit lauter Stimme.

Blitzesschnelle verschwand das Feuer.

Lautlose stille.

„Hier ist der Ort, wo Gold und Silber liegt", hörte er hinter sich plötzlich ganz deutlich eine geisterhafte Stimme sagen.

Sich umdrehend wollte er sehen, wer da zu ihm gesprochen hatte.

Niemand war zu sehen.

Ein Schauer lief ihn über den Rücken. Gänsehaut bildete sich auf seinen Unterarmen.

Beschleunigenden Schrittes eilte er geschwind nach Hause.

Ein anderer suchte einstmals am Baier Einbeeren gegen die schwarzen Blattern.

Die Einbeere ist eine auffällige Pflanze. Sie trägt 4 Laubblätter, die wie ein Quirl unter einer endständigen Blüte sitzen.

In der Mitte der grünen Blütenblätter sitzt der blauschwarze Fruchtknoten.

Daraus entwickelt sich ab August eine kirschgroße, ebenfalls blauschwarze Beere.

Pflanzen mit solch bizarrem Äußeren wurden Zauberkräfte nachgesagt und dass es sich um Hexenpflanzen handle.

Er fand bei seiner Suche einen Stein, der wie Silber glänzte.

Ein Dritter entdeckte ein Loch, ausgerechnet auf der Weide wo täglich das Vieh darüber hinweglief.

In dem Loch waren Steine, wie Tuffsteine tief unter der Erde und voller Glanz.

Er deckte das Loch vorsichtshalber zu, weil er nicht wollte, dass irgendeins von den Viechern dort hinein fiel und sich gar noch die Beine brach.

Als er später nach dem Loch suchte, war es nicht mehr zu finden.

Die Geschichte sprach sich rum.

Von hoher Obrigkeit deshalb vernommen, leugneten diese drei zitternd und mit blassem Angesicht, dass sie Gold gefunden hätten.

Zeugen wurden herbeigezogen.

Diese sagten aus, dass der eine Laborofen und ein Buch über Scheidekunst der Erze besitze und auch ein Stück Gold so groß wie ein Hühnerei sein Eigen nenne.

Ebenso versicherte ein Goldschmied von Salzungen, einer der Goldsucher habe ihm goldhaltige Steine angeboten und gefragt, wie viel er für den Centerstein geben wolle.

*

Die weiße Jungfer am Baier

Schon vielen ist die weiße Jungfer droben am Baier erschienen, und zwar bei Tag und Nacht, am meisten im sogenannten „Dörnichtgehai.“

Die weiß gekleidete Frau soll als geisterhafte Gestalt aufgetaucht sein und sich den Vorbeiziehenden stets genähert haben.

Die meisten sei der Schreck so in die Glieder gefahren, dass sie eilig vor dem Geist geflohen seien.

Es hätte aber auch einige Mutige gegeben, die sich nicht gleich ins Boxhorn jagen ließen und den Geist beobachteten.

Alle berichteten anschließend dasselbe.

Die weiße Jungfrau führte stets ein Schlüsselbund am Gürtel bei sich und wollte immer nur angeredet werden.

Die Leute, aber fürchteten sich trotzdem und liefen davon, wie neuerlich einer aus Fischbach.

Als dieser am „Dörnichtgehai“ zu nächtlicher Stunde vorüber kam, fuhr ihm der Schrecken in die Glieder.

Reglos stand sie vor ihm, eine weiße junge Frauengestalt, von unendlicher Trauer und unbeschreiblicher Lieblichkeit.

Sollte das die weiße Frau sein, von der erzählt wurde, schoss es ihm durch den Sinn.

Er suchte vergeblich nach einer anderen, natürlichen Erklärung.

Die Gestalt bewegte sich.

Mit langsamen, fast zögernden Schritten ging sie auf den von Fischbach zu.

Sie wollte nur mit ihm reden.

Der warf aus Angst seine Bündel Reißig weg.

Huschte da nicht ein grüner Schatten durch das Gebüsch, tauchte dann neben einem Baum auf, verschwand hinter einem anderen, kam wieder hervor und war wieder verschwunden.

Nein, es waren nur die dunklen Schatten der Bäume und Sträucher, die in der mondhellen Nacht, ihn zum Narren halten wollten.

Und nicht die weiße junge Frauengestalt.

Jedoch der aus Fischbach suchte im Laufschritt das Weite.

Kein Wort konnte er nach dem ausgestandenen Schreck mehr sprechen, als er zu Hause ankam.

Schwarze Hunde am Baier

Am Baier lassen sich zuweilen auch gespenstische, riesige, schwarze Hunde sehen.

Mit ihren schrecklich großen feurigen Telleraugen glotzen sie stets den Vorbeikommenden an.

Vom Schrecken erfasst beschleunigten sie jedes Mal ihren Schritt.

Aber was halft es?

Die Hunde liefen noch eine Wegstrecke neben diesen her.

Ähnlich erging es einen Branntweinbrenner, der aus der Gegend von Nordhausen stammte.

Der Mann lief mit einem Knecht von Roßdorf die heilige Liete hinauf nach Baiersdorf.

Der Brandweinbrenner hatte hier ein Grundstück gekauft und eine Brennerei eingerichtet.

Auf dem Weg dorthin gewahrten sie einen derartigen schwarzen Hund.

Er stand vor ihnen, mitten auf dem Weg.

Der Knecht erschrak gewaltig.

Der Brandweinbrenner aber, der das Herz auf dem rechten Fleck hatte, besann sich nicht lange, riss dem Knecht den Stock aus der Hand und schlug auf das schwarze Getier ein.

Traf aber nichts als Luft.

Der gespenstische Hund begleitete sie noch eine ganze Wegstrecke und verschwand dann hinter einem der Grenzsteine.

Zwei Brüder von hier, Johannes und Johann Adam, die von Unteralba vom Pfingsttanz heimgingen, ist es gerade so ergangen.

Hier gab es aber einen Unterschied, dass der eine den Hund sah, der andere aber nichts davon gewahr wurde.

Vom Otterkönig am Baier

Am Baier hauste ein Otterkönig, der trug ein prächtiges Krönlein von gediegenem Gold, welches er jedes Mal, wenn er sich in der Mittagsstunde in der Quelle am Berge badete, auf dem grünen Rasen niederlegte.

Solches hatte nun ein feiner Junker vernommen, und da es ihm nach dem Krönlein gelüstete, machte er sich eines Morgens nach jener Quelle auf den Weg.

Hier angekommen band er sein Ross an einen Baum und breitete seinen Mantel an der Stelle aus, wo der Otterkönig sein Krönlein vor dem Baden niederzulegen pflegte.

Das klare Quellwasser lud hier auch geradezu, zu einem erquickenden Bad und zu einem erfrischenden Trunk ein.

Glücklich konnte sich zu jener Zeit derjenige schätzen, dem es gelang vor der Ankunft des Otternkönigs an der lustig sprudelnden Quelle zu sein.

Versteckt hinter einer dicken Buche galt es sich nun in Geduld zu üben.

Und so manch einer wurde auf eine harte Probe gestellt.

Der Wald rauschte sanft in den Zweigen der Laubbäume am Wegesrand. Bald klangen die Glockenblumen auf der nahen Wiese, wenn sie im Winde sich neigten.

Vom Otternkönig aber keine Spur.

Ein Zaunkönig schmetterte sein Liedchen und der Bussard hackte hoch oben auf der Buche auf einen Ast ein.

Da! Bewegte sich dort, am Rande der Dickung, nicht etwas?

Ein grauer Fleck tauchte aus dem undurchdringlichen Grün auf und bewegte sich flink wie ein Wiesel zur nahen Quelle.

Ja, er war es - der Otternkönig. Auf seinem Haupt das güldene Krönchen. Es funkelte und blinkte im Licht der Sonnenstrahlen, die durch das Blätterdach des Waldes fielen.

Der heimliche Beobachter hinter dem Baum hielt den Atem an. Mucksmäuschenstill war er.

Flugs hatte der Otterkönig sein Krönlein abgenommen und es auf den Mantel gelegt. Jetzt erst rutschte er bäuchlings im glitschigen grasbewachsenen Ufer hinein ins kühle Nass. Er balancierte Zweige auf seiner Nase, schnappte nach flatternden Schmetterlingen und tauchte im aufspritzenden Wasser hinter einem flinken Fisch her.

Eine Freude war es, ihm zuzuschauen, wie er im Wasser umhertollte, bis auf den Grund tauchte, um dann wieder wie ein Pfeil dahinzuschießen. Endlich schien der Otternkönig genug zu haben. Er glitt aus dem Wasser und schüttelte sich wie ein nasser Hund.

Wassertropfen stieben umher, nur in den Barthaaren glitzerten noch winzig kleine Wasserperlen.

Bewegung kam in die Gestalt hinter dem Baum. Vorsichtig trat der stille Beobachter aus der Deckung hervor, schlich auf leisen Sohlen zu dem ausgebreiteten Mantel hin, bückte sich und nickte befriedigt.

Auf dem Mantel lag das güldene Krönchen des Otternkönigs. Gar herrlich funkelte es im Sonnenlicht.

Der Junker raffte den Mantel mit dem Krönlein auf, band ihn fest zusammen, schwang sich auf sein Ross und machte sich mit seinem Fund aus dem Staube.

Noch ehe er das Ende des Waldes erreichte, hatte der Otterkönig seinen Verlust entdeckt und stieß einen gellenden Pfiff aus.

Im selben Augenblick geriet alles Gewürm des Berges in Aufruhr und der Junker, so schnell er auch mit seinem Rosse dahinjagte, wurde von demselben gar bald eingeholt.

Die Beine des Rosses umringend griff das Gewürm zischend nach dem Junker selbst.

Eine eklige Situation.

Als der Junker dies mit Entsetzen gewahrte, schleuderte er den Mantel samt der Krone weit von sich.

Sein Ross antreibend ritt er wie der Sausewind davon.

Im selbigen Augenblick verließ ihn das Gewürm, stürzte sich auf den Mantel und zerbiss ihn in tausend Stücke.

Der Otterkönig nahm von seinem verlorenen Krönlein wieder Besitz.

*

Vom Pfarrer am Baier

Vor vielen Jahren war in Gehaus ein Pfarrherr, Namens Müller.

Es war kein Mann nach dem Willen Gottes.

Sein eigenes Leben, das er trieb, hatte nichts mehr mit Gottesfürchtigkeit zu tun.

Im Gegenteil es führte zu großen Ärgernissen mit der Gemeinde.

Dieser üble Lebenswandel war dem lieben Gott schon lange ein Dorn in den Augen.

Eines Tages entzog er dem gottlosen Pfarrherrn seine göttliche Gunst und ließ ihn einfach fallen.

Es kam der Tag, als der Pfarrherr starb.

Auf diesen Moment hatte der Teufel nur gewartet. Er packte den Pfarrherr am Kragen und trug ihn einen feurigen Schweif hinter sich herziehend hinauf auf die Kuppe des Baierbergs.

Dorthin, wo das Gestein am wildesten Durcheinander liegt.

Der Pfarrherr baute sich hier droben nun aus dem Basalt-brocken eine Kanzel und predigte in der Geisterstunde seiner Gemeinde Buße.

Diese aber hörte ihn nicht.

So beschloss er zu ihr hinab zusteigen.

Er verirrte sich jedoch in dem Gestein und stolperte so lange darin herum, dass die Stunden nur so verronnen.

Der Pfarrherr musste nun predigen und umherstolpern bis zum jüngsten Gericht, wo er begnadigt werden soll.

Das Gewölbe an der steinernen Treppe auf dem Baier

Am Himmelfahrtstag kam eine Frau von Unteralba an die Baierskuppe, zum Kräuter suchen. Das letzte Stück bis zum Gipfel musste sie sich durch hohe Distelsträucher kämpfen, mit nackten Beinen oder Armen nur für Rheuma-kranke oder Unempfindliche ratsam.

Der dichte Baumbewuchs hier oben gewährt keinerlei Sicht auf die Landschaft des Thüringer Waldes.

Als sie nun in der Nähe der sogenannten steinernen Treppe anlangte, sah sie dort plötzlich ein Art Gewölbe vor sich. In das Gewölbe führte ein Gang hinein, dessen innere Wände mit seltsamen Buchstaben beschrieben waren.

Der Frau wurde es mit einmal etwas unheimlich zu Mute. Sie wagte es nicht alleine den dunklen Gang zu betreten. Sie

lief nach Hause, erzählte dort ihrem Mann davon, was sie ge-
sehen hatte.

Ohne lange zu zögern machten sich beide auf den Weg,
zurück zum Baier hinauf.

Garten Fräbel am Baierweg

An der steinernen Treppe angekommen wollte die Frau
ihren Mann das Gewölbe, den Eingang und die seltsamen
Buchstaben an der Wand zeigen.

Sie suchten vergeblich nach dem Eingang. Alles war wie
sonst.

Der alte Schmied von Weilar am Baier

er alte Schmied von Weilar kohlte einst in der Nähe des
Goldborns am Baier.

Tag und Nacht verbrachte er hier.

Als er sich eines Nachts, um Mitternacht gerade in seiner Hütte niederlegen wollte, erblickte er ein bildschönes junges Fräulein, das sich ihm näherte.

Das Fräulein trug ein schneeweißes Kleid mit einer langen Schleppe und ein goldenes Krönlein auf dem Haupte.

Sie schaute den Schmied freundlich an.

Der aber war ob der plötzlichen Erscheinung sehr erschrocken.

Er behielt jedoch noch einigermaßen die Fassung.

„Schwere Not! Jungfer, was will Sie von mir?" mit diesen Worten fauchte er dann das junge Fräulein an.

Nach diesen barschen Worten erbebte die Jungfrau, wandte sich traurig um und verschwand dann im dichten Nebel.

*

Von der Hexe zu Weilar

„Ich zum Exempel", so erzählte die alte Maria vom Baiershof, „glaube an Derartiges nicht gern; was einem aber brave und rechtschaffene Leute erzählen, das muss man ja doch glauben, und so einer war nun der verstorbene Polizeidiener drunten in Weilar."

Was hat das Exempel nun mit dem verstorbenen Polizeidiener zu tun?

Es muss gerade einmal um die Zeit gewesen sein, wo hier oben auf dem Baiershof, die Uhr durch den Polizeidiener richtig eingestellt werden sollte.

Bei dieser Gelegenheit erzählte dieser, dass er in der Walpurgisnacht auf dem Kreuzwege hinter seinem Hause einen mörderischen Lärm gehört habe, der bald darauf in ein klägliches Gewimmer übergegangen sei.

Er sei dann aufgestanden, um nachzusehen, was dort gerade abgehen würde.

Zu sehen war nichts, aber deutlich hörte der Polizeidiener nun, wie der Teufel eine Weilarsche beim Fittig hatte.

Er brüllte diese immer wieder an: „Warum bist du zu spät zum Tanz gekommen?"

Dabei drosch er ihr das Fell windelweich.

Die Hexe jammerte und Gebarmte sich immer ärger.

Aber das interessierte den Bösen überhaupt nicht und er prügelte mit den Fäusten immer weiter auf die Hexe ein.

Der Polizeidiener hatte die Hexe sofort an ihrer Stimme erkannt.

Diese ließ sich nach dieser Nacht noch mehrere Tage danach vor den Leuten nicht sehen.

Als sie dann doch wieder unter die Leute ging, konnte man immer noch erkennen, dass sie von irgendwem grün und blau geschlagen worden war.

Der Polizeidiener wusste, wer das gewesen war.

Von dem gespenstischen Schreiber am Stadtberg bei Weilar

Weilar liegt etwa zwei Kilometer südlich von Stadt-lengsfeld am nordöstlichen Rand der Thüringer Rhön und wird von der Felda durchflossen.

Am Stadtberg bei Weilar soll es nicht geheuer sein.

Die folgende Geschichte stammt von einem alten Weber.

Ein Urgroßvater ging mit seinem Sohne, der ein goldenes Sonntagskind war, eines Sonntags dort den Landweg hinauf zum Stadtberg.

Rotkehlchen wollten sie fangen.

Als sie in die Nähe des großen Grenzsteines auf dem Hünn'schen Rasen ankamen, fuhr der Knabe plötzlich zusammen.

Dicht vor ihm saß dort an einem altmodischen Tisch ein alter Herr mit vielen Runzeln im Gesicht.

Urgroßvater, der gerade, wo anders hinschaute, hatte von dem alten Herrn noch nichts bemerkt.

Oder war es anders?

Mehrer Akten lagen vor Alten auf dem Tisch. In einer von ihnen schrieb er eifrig etwas hinein.

„Siehe mal dort, wer da sitzt", machte der Junge seinen Urgroßvater auf den unheimlichen Schreiber aufmerksam.

„Wo denn mein Junge?"

„Na dort!"

„Den Tisch dort, mit den vielen Akten drauf und den alten Mann, der gerade in eine etwas hineinschreibt."

„Mein Junge, es tut mir leid. Ich sehe nichts!"

Der Junge konnte es bis heute nicht begreifen, warum sein Urgroßvater dem Mann an dem Tisch nicht gesehen hatte.

An demselben Platz soll auch ein kleines, gelbes Hühnchen die Leute vom Pfade ab in die Irre führen.

*

Vom Hundskopf

Ungefähr in der Mitte des Weges von Weilar nach Lengsfeld, wo ihn der Fischbach durchkreuzt, tritt am Fuße des Baiers ein kleiner bewaldeter Vorsprung hervor, genannt der Hundskopf.

Mit einer Gipfelhöhe von 380 Meter ist der Hundskopf einer von den sogenannten Salzunger Köpfen.

Neben dem Bornkopf liegt auch der Hundskopf geografisch betrachtet, etwa zwischen Bad Salzungen und Stadtlengsfeld in der Thüringischen Rhön.

Auch von der Ortschaft Leimbach sind es nur wenige Kilometer zu dem beliebten Ausfluggebiet.

Eines Abends sehr spät zur Herbstzeit begegnete die alte Mädern den Polizisten von Weilar.

Sie kam mit ihm ins Gespräch.

„Ich bin jetzt noch zum Tode erschrocken", sagte sie ihm.

„Warum gute Frau waren sie denn zum Tode erschrocken?", wollte der Polizist so gleich von ihr wissen.

„Vor wenigen Minuten sind mir vier Schimmel ohne Reiter begegnet und zum Hundskopf hinauf getrabt."

Hundskopf

„Ich glaube, ich habe davon schon gehört!"

„Und nicht nur das", unterbrach die Frau den Polizisten. „Zur gleichen Zeit kam dort oben auch noch ein Schwarm Raben herausgeflogen!"

Dem Polizisten waren diese Begebenheiten keine Neuigkeiten mehr.

„Ist schon gut liebe Frau. Ich weiß Bescheid."

Da es bereits dunkel geworden war, ließ er die Frau ohne sich zu verabschieden stehen und machte lange Beine, um womöglich vor der Mitternachtsstunde an den Hundskopf vorüber zu kommen.

Er sah auch richtig noch die Raben.

Den klappernden Hufschlag der Schimmel hörte er aber nur noch aus dem Inneren des Berges heraus klingen.

*

143

Von dem Werwolf zu Stadt Lengsfeld

Zu Lengsfeld lebte vor Zeiten eine alte Frau, die sich mittels eines Gürtels von Menschenhaut in einen Werwolf verwandeln konnte.

So war sie in der Lage den Schafhirten übel mitzuspielen und den Schafherden großen Schaden zu zufügen.

So hütete eines Tages ein Lengsfelder Schäfer hinter der Ölmühle seine Schafe.

Vorsichtshalber waren die Schafe in einem Gatter untergebracht.

Es hatte sich rumgesprochen, dass ein böses Tier die Gegend unsicher machen würde.

Aber keiner wusste etwas Genaues.

Auf seinen knorrigen Stab aus Holz gestützt beobachtete der Schäfer seine Tiere.

Da tauchte in der Ferne eine alte Frau auf, die immer näher kamm.

„Ich wünsche Euch einen schönen Tag", grüßte sie den Schäfer höflich.

„Ich grüße Euch auch liebe Frau. Wohin des Wegs?"

Ohne ein weiteres Wort zu verlieren, ging die alte Frau weiter und verschwand im nahen Gebüsch.

Der Schäfer widmete sich wieder seinen Schafen.

Es währet nicht lange, da stürmte von dort, wo die alte Frau verschwunden war, ein gieriger Werwolf heran.

Es war die alte Frau, die sich in dieses wütige Tier verwandelt hatte, aber nur deswegen, weil sie eine Hexe war.

Der fressgierige Werwolf kam näher und näher. Setzte zum Sprung an, flog über das Gatter wie ein von der Sehne geschnellter Pfeil, zwischen die friedlich weidenden Schafe.

Aufgeschreckt stoben die Schafe laut blökend über die Weidefläche davon.

Wild hin und her laufend versuchten sie, den Fängen des Werwolfes zu entkommen.

Der Schäfer wusste sofort, dass er alleine nicht in der Lage war dieses schreckliche Tier zu vertreiben.

Ehe es sich der Schäfer versah, hatte der Werwolf ein Tier gerissen und dann ein Zweites.

Ohne weiter zu überlegen machte sich jetzt der Schäfer schleunigst auf den Weg um Hilfe herbei zu holen.

Gemeinsam gelang es ihnen, zwar nur mit größter Anstrengung, den Wolf aus der Herde zu vertreiben.

Ein trauriges Bild bot sich den Männern.

Mindestens zehn Schafe lagen verendet im Gras der Weide.

Der Schäfer zeigte noch am selbigen Tage den Vorfall bei Gericht an, worauf die Frau auch sofort verhaftet und ihr der Prozess gemacht wurde.

Von den weißen Jungfern auf der Sachsenburg

Hinter Dermbach nach Geisa zu erheben sich über dem Stein und den Eppersberg und dem noch höher gelegenen alten Schlosse auf der Hochebene zwei mächtige Berge mit basaltischen Gebilden. Es sind die 1.878 Fuß hohe Sachsenburg und die etwas niedrigere, nur durch ein enges bewaldetes Tal von dieser getrennte Roderburg, Riederburg oder

145

Hessenkuppe, die sich nach Westen hin in den Geisaer Wald abflacht.

Wer schon einmal durch die Thüringer Pforte fuhr, mag sie vielleicht entdeckt haben. Zwei Wächtern gleich erheben sich die beiden Wehranlagen auf dem sogenannten Wächterberg. Erbaut wurden sie im 13. Jahrhundert, nur 500 Meter voneinander entfernt.

Beide Burgen haben eine wechselvolle Geschichte hinter sich.

Der Sage nach sollen die von Karl dem Großen hierher versetzten Sachsen auf dem ersten Berg die starke Burg gegründet haben, um sich gegen feindliche Einfälle der Thüringer zu schützen.

Heute noch zeigen sich dort zwei weiße Jungfrauen. Die eine trägt den glitzernden Schlüssel an ihrem Gürtel, die andere ein schwarzes Kreuz auf dem Rücken.

Es muss noch nicht lange her gewesen sein, als Einer aus Oechsen, dort oben am Himmelfahrtstage Heilkräuter suchte. Als er sich der nach Oberalba hin liegende Klippe der Sachsenburg näherte, blieb er überrascht stehen.

Vor ihm auf der Klippe lag eine weiße Jungfrau. Sie schien traurig über die bewaldete Landschaft zu blicken.

Er wollte sie schon ansprechen.

Da wandte sie sich um und er sah ganz deutlich das schwarze Kreuz auf ihren Rücken.

Das war dem, der aus Oechsen kam zu viel und er suchte schleunigst das Weite.

Dem alten Polizisten von Dermbach begegneten eines Tages zwei Jungfrauen am Fuße der Sachsenburg.

Er blieb stehen und schaute zu den Jungfrauen hinüber.

Sie winkten ihm zu, doch zu ihnen hin zukommen.

Sachsenburg

Irgendwie gefiel der Anblick der Jungfrauen den Polizisten nicht.

Da stimmte etwas nicht.

Der Polizist machte sofort kehrt, um den Weg nach Dermbach zurückzueilen.

Dieser hörte jedoch die Jungfrauen mit keuchendem Atem hinter sich drein kommen.

Spornstreichs eilte der Polizist auf Dermbach zu. Nichts konnte ihn davon abhalten, seine Schritte immer mehr zu beschleunigen.

Als er den Ortsrand erreichte, war von den Jungfrauen plötzlich nichts mehr zu hören noch zu sehen.

Ganz außer Atem in seiner Stube angekommen, stürzte er bewusstlos nieder.

Die weißen Jungfern aber waren ihm wirklich nur bis zur Ortsgrenze gefolgt.

＊

Das graue Männchen am Hundswinkel oberhalb Oechsen

„Mir ist so etwas in meinem ganzen Leben noch nicht passiert", begann eine aus Oechsen zu erzählen.

Gespannt schauten die Zuhörer die Frau aus Oechsen an, dass sie weiter sprechen würde.

„Mein seliger Mann ging einmal in der Mittagsstunde über das weite Feld, als er nun am Hundswinkel - so nennen wir die Waldwiese am Bilsenstein - vorbei kam, da erblickte er auf einmal ein graues unheimliches Männchen unweit vor sich stehen."

„Was war das für ein Männchen? Wollte dies etwas von deinem Mann?" unterbracht eine Zuhörerin die Frau aus Oechsen.

„Ich weiß es nicht. Jedenfalls winkte es meinen seligen Mann zu, ihm zu folgen."

„Was hat da dein seliger Mann gemacht? Ist er dem Männchen gefolgt?"

„Nein. Er ist ihm nicht gefolgt. Mein seliger Mann wollte nichts mit ihm zu schaffen haben, bog deswegen seitwärts in einen Feldweg ein und machte einen Umweg."

„Ich glaube, das war richtig so."

„Richtig so!?"

„Etwa nicht?"

„Von wegen! Ein Mensch hätte den Spektakel und Affentanz mitbekommen sollen, den das Männchen mit einmal verübte. Es war nichts anders, als ob der ganze Wald zusammenbräche. Meinen Seligen stiegen die Haare zu Berge. Den Heimweg hat er damals aber nicht wieder über Waldwiese am Bilsenstein genommen."

Manch anderen, der hier am Hundswinkel vorbei kam, ist genau das Gleiche passiert.

*

Das „wütige" Heer und die arme Magd von Lendersdorf

Es geschah auf dem „Lengers" (dem Hof Lenders) oberhalb Oechsen auf der Hochebene, als einstmals eine arme Magd an einem Kreuzwege mit Mistausbreiten beschäftigt war.

Da zog das *„wütige"* Heer, das auch hier, wie in anderen Teilen Deutschlands sein Unwesen getrieben haben soll an ihr vorüber nach der Sachsenburg.

Sausend und brausend zog der aus 42 Köpfen bestehende Haufen vorbei. Furchtbares Krachen und lautes Geheul, als wollten die Bäume des nahen Waldes im Boden versinken, bildeten die schaurige Begleitmusik ihres furcherregenden Tuns.

Als die Magd sah, dass die Letzte im Zuge ihre Gedärme nach schleifte, überkam sie ein Erbarmen, nahm ihren Misthaken und warf ihn, ohne sich lange zu besinnen, über das Gespenst weg.

Da rief ihr diese zu: „Das wird Dir Gott lohnen, halte aber deinen Mund!"

Als darauf die Magd den letzten Düngerhaufen ausbreitete, fand sie eine große Summe Geldes.

Sieben Jahre später, die Magd war längst verheiratet, war sie gerade mit Brotsäuern beschäftigt und stand mit dem warmen Wasser in der Küchentür.

Gar schauerlich heulte der Wind auf und unheimliche Leute mischten sich in den aufbrausenden Sturm. Das „*wütige*" Heer war wieder einmal unterwegs. Es kam wieder einmal nach Lenders und zog ausgerechnet durch das Haus der armen Magd, in welchem gerade drei aufeinanderstoßende Türen offen standen. Die Magd war gerade beschäftigt mit dem Säuern des Brotteiges.

Als die letzte des Zuges an ihr vorüberhuschte, tauchte sie den Finger in das Säurewasser und flüsterte: „Halte deinen Mund!" und zog dann den Übrigen nach.

Unbesorgt benutzte die Frau das Wasser zum Säuern und hatte das Glück, dass das Brot, so viele Laibe sie auch aus dem Keller holte, nie alle werden wollten.

Das aber fiel den anderen im Hause auf, die Frau musste beichten, und nun wollte niemand mehr von dem Brot essen.

Zu gleicher Zeit war es aber mit dem Brotsegen im Keller vorbei.

So erzählte es jedenfalls der alte Gläsers Lorenze Hannes.

Von der Schöneburg

Oberhalb des Dorfes Oechsen, an der sattelförmigen Verbindung des Baiers mit der Sachsenburg, über welche die Straße von Dermbach nach Geisa führt, lag auf einem

Vorsprung, dem „*Schorn*", das Schloss Schöneburg, dessen Überreste fast verschwunden sind.

Von dem alten Ludwig Engel, ein mehr als 80-jähriger Greis aus Oechsen, stammt folgende Geschichte über die letzten Bewohner dieser Burg.

Seine über 80 Jahre alte Großmutter habe ihm oft erzählt, wie sie wieder von ihrer ebenso alten Großmutter gehört habe, die Burg sei zu deren Lebzeiten noch von zwei alten Fräuleins bewohnt gewesen.

Wenn diese im Walde lustwandeln gingen, wurden sie jedes Mal von einem kleinen freundlichen, weißen Hündlein begleitet.

Die Großmutter selbst habe ihnen oft als 14-jähriges Mädchen Walderdbeeren hinaufgetragen.

Geld und Essen habe sie dafür erhalten.

Eines Tages sagten die Fräuleins zu ihr: „Bring morgen dein Spinnrad mit. Es gibt einiges, das versponnen werden muss!"

Als Nachmittags die Schule vorbei war, ging sie zur Burg.

Hier fand sie das sonst immer verschlossene Tor geöffnet. Ebenso die Haustür.

Auf ihr wiederholtes Klopfen an der Stubentür öffnete niemand und es rief auch keiner „Herein".

Sie öffnete kurz entschlossen die Tür, betrat den halbdunklen Flur und ging sich immer wieder umschauend, laut rufen: „Hallo, ich bin da!" bis in die Stube.

Die Stube war leer.

Auch auf ihr Wiederholtes rufen: „Ich bin da!", ließ sich niemand blicken.

Wie sie so da stand, ergriff sie plötzlich ein schreckliches Angstgefühl, wie sie es bisher noch nicht gekannt hatte.

Sich umdrehend verließ sie geschwind die Stube, um so schnell wie möglich die Burg zu verlassen.

Sie lief den Flur entlang Richtung der Ausgangstür.

Beim Vorbeilaufen an der Küche, deren Tür sperrangelweit offen Stand, bot sich ihr ein schrecklicher Anblick.

Die Frauen nebst den Hündchen lagen leblos am Boden.

Noch tiefer saß ihr jetzt der Schreck in den Gliedern.

Später hatte es sich herausgestellt, dass die beiden Frauen ermordet und die Burg ausgeraubt worden sei.

Der halb verfallene Keller diente späterhin dem Paulus, dem Räuber am Baier, zum Schlupfwinkel.

Laut einer Sage sollen hier noch große Schätze vergraben sein.

Eine weiße Jungfer, die alle sieben Jahre droben erscheint, hat die Schlüssel dazu und reicht sie demjenigen, der sie erlöst.

Erscheint die weiße Jungfer jedoch in der Umgebung, ist sie oft die Wohltäterin für die Armen.

So hat sie schon kleine hungernde Kinder mit Beeren und sonstigen Früchten erquickt; ebenso schlafende Hirten, Schnittern und Holzbauern Brot und Wein gebracht.

Im Jahr 1824, so erzählte der Wirt von Oechsen, kamen drei angebliche Bergleute aus Franken und erkundigten sich nach der Schöneburg.

Am anderen Morgen zogen sie zum Schloss hin.

Als sie an der Stelle ankamen, wo der Schatz liegen sollte, stimmte diese nicht mit dem überein, den sie erkundet hatten.

So meinten sie jedenfalls.

Trotzdem begannen sie zu graben und kamen mehrmals mit gefülltem Säcklein zurück.

Einige Tage später mussten sie jedoch wegen der Polizei Reißaus nehmen.

*

Vom Oechsenberg

Westlich vom Baier, nur in geringer Entfernung von diesem majestätischen Kegel, tragen zwischen der Fulda und der Ulster noch zwei andere fast nicht minder hohe, von der Sachsenburg auslaufende Berge ihre umlaubten Basaltkronen.

Es sind dies der Dietrichsberg und der Oechsenberg, von denen der Letztere bei dem Städtchen Vacha in dem Werratal fußt und mit seinem etwas höheren breitschultrigen Nachbarn nach Süden hin durch einen tiefen kurzen Sattel, von dem sich wieder ein kleiner Kegel, das Hahnköpfchen erhebt, verbunden ist.

Von dem Kulm des Oechsen- oder Ochsenberges, auf dem einst ein befestigtes römisches Lager gestanden haben soll, genießt man eine herrliche Nah- und Fernsicht.

Eine Sage erzählt davon, dass später dort oben auch eine Ritterburg gestanden haben soll, deren Insassen sich jedoch durch allerlei Laster, Raub und Plünderung auszeichneten und große Schätze in ihren Kellern aufhäuften.

Für diese Freveltaten wurden sie verdammt. Als Irrlichter auf dem Berg, wo ihr ungerechtes Gut bis auf den heutigen Tag noch ruhen soll, umher zu schwärmen. Das so lange bis die angehäuften Schätze durch einen sündenfreien Menschen gehoben werde.

Eine andere Sage berichtet von dem Oechsenberg, dass vor langen Jahren einmal venediger Bergleute hier nach Gold gesucht hätten.

Sie wären so tief in den Berg eingedrungen, bis sie das mächtige Goldlager erreicht hätten.

Dicke Goldadern durchzogen hier den Berg, aufgeschichtet wie die Wellen von Mühlenrädern.

Nur sollte es mit dem Herausholen des Goldes nichts geworden sein.

Die Geister des Berges waren mit deren Tun nicht einverstanden und machten ihnen einen Strich durch die Rechnung.

Gewaltige Wassermassen, die im Inneren des Berges schlummerten, setzten sie in Bewegung.

Die Bergleute hielten plötzlich mit dem Graben auf, denn immer lauter werdendes Rauschen drang an ihre Ohren.

Erst an einer Stelle, dann an noch einer Stelle durchbrach Wasser mit Wucht die Wand des gegrabenen Stollens und strömte rauschend in den fertigen Tunnel.

Um nicht jämmerlich zu ersaufen, mussten die Goldgräber fluchtartig ihre Grabungsstätte verlassen.

Im Laufschritt strebten sie dem Tunneleingang zu.

Hinter sich das ständig lauter werdende Rauschen des Wassers.

Abgehetzt und außer Atem erreichten sie endlich den Ausgang.

Sie hatten es gerade noch geschafft, den Wassermassen zu entkommen.

Das Komische an der Sache war nur, von einem Rauschen war nichts mehr zu hören, noch etwas von irgendwelchen Wassermassen zu sehen.

Unverrichteter Dinge kehrten die venediger Bergleute wieder Heim.

*

Von dem Keller des verschwundenen Schlosses am Oechsenberg

Unweit der Kuppe des Oechsenbergs in der Nähe des Hofes Poppenberg wird eine Stelle an dem sich von Völkershausen hinauf windenden Fahrweg *„im Keller"* genannt.

Sie ist wegen den mächtigen Trümmern der sechs- und achtkantigen Basaltsäulen, die sich von der nahen Felswand losgerissen haben, so bezeichnet wurden.

Hier soll einst ein altes Schloss gestanden haben.

In der Mitte des vorigen Jahrhunderts, so wir erzählt, hütete einmal der Schlossschäfer von Völkershausen seine Herde auf einer südwestlich gelegenen Waldwiese, welche nach einer sprudelnden Quelle Jungfernborn, die Jungfer genannt wird.

Es war ein heißer Mittag und der Schäfer ging zum Born, um zu trinken.

Da erblickte er in der Nähe eine schöne goldgelbe Blume, wie er noch keine gesehen hatte.

155

Er pflückte sie, steckte sie an seinen Hut und beugte sich über die Quelle. Als er sich wieder erhob, sah er zu seinem Schrecken dicht neben sich eine prächtig, weiß gekleidete Jungfrau, die ihren Krug jetzt ebenfalls an dem reichen Quell füllte.

Wie sie damit fertig war, wandte sie sich mit freundlichem Lächeln an den Schäfer und sprach: „Komm und folge mir!"

Da die Herde sich gerade gelagert hatte, folgte der Schäfer der freundlichen Erscheinung auf dem nach der Kuppe führenden Eselspfad bis an jene Stelle, die „im Keller" genannt wird.

Zu seinem Erstaunen erblickte er vor sich eine noch nie gesehene und von einem großen Schwarzen Hund bewachte Tür.

Es soll hier riesige Rittergestalten mit blankem Schwert in der Hand gegeben haben, die einst den Eingang zum Keller bewachten.

Nur war von diesen nichts zu sehen.

Auf das Geheiß der Jungfrau hielt der Schäfer die Blume, die er bisher an seinem Hut getragen hatte, an das Schloss der Tür.

Die Tür sprang auf.

Die Jungfrau trat in das Innere des Gewölbes und der Schäfer folgte ihr.

Hier erblickte er eine Menge teils offene, teils aufrecht stehende, teils festverspundete Fässer.

Gedankenlos legte er die Blume auf eins der Ersteren, die mit allerlei Feldfrüchten von noch nie gesehener Größe und außerordentlichen Glanze angefüllt waren.

Er steckte hierauf von jeder Sorte eine Handvoll zum Wahrzeichen für seine Nachbarn ein und wand sich dann zum Fortgehen.

Oechsenberg

„Schäfer, vergiss das Beste nicht!", vernahm er gerade noch die Worte, der vor seinen Augen im Nichts verschwindenden Jungfrau.

Der Schäfer aber dachte nicht an die Blume, eilte aus dem Gewölbe.

Kaum in Freien schlug die Tür hinter seine Fersen mit lautem Knall zu.

Aus dem nahen Gebüsch tauchte in diesem Moment ein schwarzer Hund auf, der sich laut bellend und mit fletschenden Zähnen auf den erschrockenen Schäfer stürzte.

Hals über Kopf ergriff dieser die Flucht, immer das Knurren des schwarzen Hundes hinter sich.

Endlich als er seine Herde unversehrt erreichte, leider ohne das eingesteckte Wahrzeichen, war von dem schwarzen Hund nichts mehr zu sehen.

Auf seiner Flucht vor dem Hund waren ihm auch die eingesteckten Körner aus den durchlöcherten Hosentaschen gerieselt.

Einige waren ihm in die Schuhe gefallen.

Da diese ihm drückten, sah er nach und siehe: Es war pures Gold.

Später war der Schäfer noch oft nach dem Born und nach dem Keller gegangen, hatte aber weder die Jungfer noch die Tür wieder gesehen.

In jenen verspundeten Fässern aber soll der köstliche Wein enthalten sein, der am Ende der Welt den aus den Gräbern Auferstandenen beim großen Abendmahl gereicht werden soll.

Vom alten Keller am Oechsenberg

Ein anderes Mal hütete auch ein Schäfer aus Völkershausen am Fuße des Oechsenbergs. Da sah er die vielen Flämmchen und Irrlichter in den Oechsenberg verschwinden und machte sich so seine eigenen Gedanken darüber.

Von einem alten Mann erfuhr er nun anderen Tages, dass dies die Geister der erschlagenen Ritter und Knappen der dort in grauer Vorzeit zerstörten Burg seien. Jedes Mal am Aller-Seligen- und Aller-Heiligen-Tag, ihren Jahrestag würden sie bei den vergrabenen Schätzen feiern.

Zu dieser Zeit sollten auch die Gewölbe dort droben aufgegangen seinen, aus denen ein mutiger Kerl, der sich um den Kuckuck und seine Rasselbande nicht kümmerte, sich auf Lebzeiten genug holen könnte.

Das ließ sich der junge kräftige Schäfer nicht zwei Mal sagen. Am Abend des Aller-Seelen-Tages brachte er seine Schafe am Hans-Möllers-Born in den Pferch und er machte sich mit seinem Hund den Berg hinauf. Die Flämmchen zeigten sich rechts und links des Weges wieder in ungewöhnlicher Zahl und der Wald rauschte schaurig dazu.

Er erreichte glücklich den sogenannten Eselspfad, der gerade nach dem Keller führt. Schauriges Eulengeschrei ertönte rings um ihn her, dass ihn aber wenig kümmerte.

Immer höher ging es hinauf. Er hatte bereits die Hälfte des Weges zurückgelegt, da sprang der Schäfer erschrocken zur Seite. Vor ihm stand ein mächtiger schwarzer Bullenbeißer mit feurigen Augen, der seinen treuen Hund packte.

Schreckliches Geheule.

Nach einem kurzen Kampf stürzten beide den Berg hinunter.

Der Schäfer aber dachte nur an die Schätze im Keller und eilte schnurstracks weiter.

Da winkt ihm von der Seite her ein kleines, graues Männchen freundlich zu.

Er ließ sich aber auch von diesem nicht von seinem Weg abhalten und ging festen Schrittes weiter.

Jetzt vertrat ihm der Kleine drohend den Weg.

Da schlug der Schäfer das Kreuz und murmelt: „Alle guten Geister loben Gott den Herrn".

Das Männchen wich vor ihm zurück.

So gelangte er endlich bis an den Keller.

Hier aber versuchte eine Schar geharnischter Ritter mit blanken Schwertern und Lanzen ihm den Zutritt zu verwehren.

Der Schäfer aber kehrte sich an nichts, schritt mutig durch die Geharnischten hindurch und gelangt in den offen stehenden Keller.

Der Keller war von einigen schwachen Flämmchen matt erleuchtet. Aus der Tiefe schallte im jetzt ein unheimliches Gelächter entgegen.

Der Schäfer schaute sich im Keller nach allen Seiten um, doch nirgends eine Spur von den ersehnten Schätzen.

Vermoderte Bretter krachten und knirschten unter seinem Schritt.

Einen Augenblick schwankte der Schäfer und überlegte kurz, ob er umkehren sollte. Aber die Schätze zogen ihn vorwärts. Einen langen, dunklen Gang ging es entlang. Modriger Geruch hing in der Luft.

Endlich gelangte er zu einer alten Kluft.

Im Schein einer lichten Flamme sah er hier etwas blinken. Goldgelbe Erbsen waren es.

Jetzt begann es, ihm doch zu grausen.

Um aber nicht ganz leer abzuziehen, füllte er seinen Brotbeutel mit diesen Erbsen und trat den mühsamen Rückweg.

Je länger er lief, desto schwerer und lästiger wurde ihm sein Brotbeutel.

Was machte er?

Er schüttete den soeben in der alten Kluft eingesackte Inhalt wieder aus.

Nach kurzer Zeit erreichte er das Freie und dann endlich seine Schafhütte.

Hier angekommen, kamen erleichtert die Worte über seine Lippen: „Lieber Gott ich danke dir!"

Am anderen Morgen drückte es ihm in den Schuhen. Er glaubte, dass er Steinchen darin habe, zog sie aus und entdeckte zu seiner Freude einige Goldstücke darin.

Wie der Wind eilte er jetzt zum zweiten Mal nach dem alten Keller, um das dort verschüttete Gold wieder aufzuraffen. Doch die Tür war verschüttet. Alles war wie vorher.

Jährlich zeigten sich jedoch die Flämmchen noch, begleitet durch das nächtliche Rauschen des Waldes.

Keinen ist es von da an je vergönnt gewesen, das Innere des geöffneten Berges zu betreten.

Spuk am Oechsenberg

er „Sünner Kurt" wurde einmal von seinem Bruder auf dem Luttershof zum Schlachtkraut eingeladen.

Dieser machte sich gegen Abend über den Oechsenberg dorthin auf den Weg.

Nicht auf den Weg achtend fiel er, als er zum Hansmöllersborn kam, in einen Graben.

„Verflixt, so ein Mist, wie konnte mir das nur passieren?" fluchte er ganz mörderisch.

In diesem Augenblick bekam er so derbe Ohrfeigen, dass er nicht wusste, wo ihm der Kopf stand.

„Wart, das werde ich dir schon austreiben!", rief er, raffte sich auf und lief der Laterne nach, die er jetzt dicht vor sich erblickte.

Er musste dem blinkenden Licht schon einige Zeit gefolgt sein, da verschwand es auf einmal.

Mutterseelenallein stand er nun in der finsteren Nacht da und wusste nicht, wo er war.

Nicht einmal der gelbe Mondschein, weder das Leuchten der Sterne erhellten die Nacht mit einem diffusen Licht.

Wolken, nur dichte Wolken am nächtlichen Himmelszelt.

Als der Tag aber zu grauen begann, sah er sich wieder jenseits hoch oben auf der Spitze des Ulsterberges.

Die weiße Jungfer am Oechsenberg

Die weiße Jungfer vom Oechsenberg, die oft an der alten dicken Linde am Ebenweg im Walde ruhte, ehe sie wieder nach der Stelle des ehemaligen Schloßes zurückging, kam lange Zeit regelmäßig abends nach dem Hofe Poppenberg und setzte sich dort in der Pächters Wohnung auf den Ofenstein.

Die Leute hatten sich nach und nach an sie gewöhnt und ließen sie ruhig und ohne große Fragen zu stellen auch wieder gehen.

Da wurde die Pächterin schwanger und als sie niederkam, verlor die weiße Frau ihr stilles Wesen und zeigte sich überall rührig, trug die Kleine, wenn es weinte, und schlummerte es ein.

Am neunten Tag nach der Geburt beugte sich die weiße Jungfer über das Bett und bat die Frau: „Darf ich, die Kleine dreimal küssen."

„Warum möchtest du die Kleine küssen?"

„Ich werde dadurch erlöst. Und du und das Kind werden glücklich sein!"

„Du darfst mein Kind küssen."

Nachdem die weiße Jungfer das Kind dreimal geküsst hatte, sagte sie noch zu der Frau: „Folge mir mit der Kleinen in den Keller."

Im Keller angekommen wandte sie sich mit folgenden Worten an sie: „Ich will dir jetzt einen reichen Schatz übergeben. Nur musst du mir noch vorher versprechen, das Getreide stets ordentlich zu messen und nicht etwas zu deinen eigenen Gunsten wegzunehmen. Auch sollst du gegenüber den Armen immer wohltätig zu sein."

Hierauf verschwand die weiße Frau auf immer, an der Stelle aber, wo sie gestanden hatte, stieg ein reicher Geldschatz in einem Kessel aus dem Boden.

Die Leute waren nun reich und glücklich, als sie aber ihr Gelübde vergaßen, kam die weiße Frau zurück.

Ein Schäfer von Völkershausen kannte den Schluss der Sage.

Als die weiße Frau das Kind dreimal geküsst, sagte sie der Mutter: „Noch bin ich nicht erlöst, komme aber mit deinem Kinde nach Jahresfrist in den Keller; dort werde ich Dir als eine hässliche Schlange wieder erscheinen, fürchte Dich aber nicht und vertraue mir ganz. Lasse das Kind mit seinem Händchen mich dreimal auf den Kopf schlagen und wir sind alle glücklich".

Die Frau gelobte es.

Ein Jahr darauf ging sie mit dem Kinde auch richtig in den Keller.

Hier befand sich schon die Schlange, die geringelt am Boden lag.

Da sie fest auf das einst gegebene Wort der weißen Frau baute, so erfüllte sie, wenn auch mit innerem Grauen, deren Wunsch.

Nur zusehen konnte sie nicht.

Weg schauen musste sie.

Ausgestreckt, mit erhobenem Haupt lag die Schlange auf den feuchten Kellerboden.

Nach dem dritten Schlage ringelte sich die Schlange einige Mal krampfhaft zusammen.

Plötzlich sah die Pächterin statt des hässlichen Gewürms die weiße Frau wieder vor sich stehen.

„Ich danke dir vielmals", wandte sie sich liebevoll an die Frau.

Schon war die weiße Jungfer verschwunden.

Da aber, wo sie gestanden hatte, erhob sich ein mächtiger Geldkessel aus der Erde des Kellerbodens.

Die wilde Jagd am Oechsenberg

Am Oechsenberg hatten sich einmal Schatzgräber, da die rechte Stunde noch nicht gekommen war, um ein Feuer gelagert.

Die schmale Sichel des Mondes, der hinter den bewaldeten Höhn der fernen Berge niederging, warf seinen Schein auf die Landschaft wie ein Nachtlicht.

Der Schein des flackernden Feuers zeigte an den Stellen der langen Schatten der großen Bäume, die als schwarze Streifen auf der Wiese lagen, sanftes, samtartiges Grün.

Gar schauerlich heulte der Wind auf und bald mischten sich noch andere Laute in den Sturm.

Durch den Wind angefacht, zuckten die Flammen des Feuers immer höher.

Begleitet von immer lauter werdenden Knisterns schossen Feuergarben empor.

Furchtbares Krachen und Geheul drang aus dem nahen Wald, als wollten Bäume, Blätter und Äste in den Boden versinken.

Viel bekamen die Schatzgräber, die um das Feuer saßen, von dem Geschehen um sie herum nicht mit.

Sie hatten zu tief ins Glas geschaut und der eine war mehr betrunken wie der andere.

Mit Getöse unter Stöhnen und Heulen, Ächzen und Jammern zog es durch die nächtliche Dunkelheit heran und verbreitete Grauen.

Schon von Weiten war das Blasen von Hörnern und Peitschenknall zu vernehmen, lautes Wiehern und Schnauben von Pferden und das wilde Gekläff von Hunden.

Als die wilden Jäger sich dem Lagerfeuer näherten, schien auf einmal eine wundersame Musik, die nicht von dieser Erde schien, in der Luft zu hängen.

Vorüber brausten die wilden Jäger an dem Feuer der Schatzgräber, da verwandelte sich die Musik in Angst erfüllende Lärm und Tosen.

Was kümmerte, dass die Schatzgräber. In ihrer Trunkenheit äfften sie das Heulen und Bellen der wilden Jagd nach.

Da stürzte, wie aus heiterem Himmel, auf einmal das Hinterteil eines Pferdes in den Kreis hinein, dass das Feuer weit umherflog.

Zugleich war eine Stimme zu hören, die sprach: „Habt Ihr mit gejagt, so nehmt auch Euer Jagdanteil!"

Über die Baumwipfel hinweg streifend zogen die abenteuerlichen Schattenwesen mit feurigen Augen und rasselnden Gliedern weiter.

Begleitet vom heulenden Hundegebell, mit anderen fürchterlichen Klängen vermischt.

Die Kräuterweiber am Oechsenberg

Es waren einmal zwei Kräuterweiber, die gingen einmal mit einer Bekannten nach dem Oechsenberg hinauf, um für den Apotheker in Vacha Kräuter zu suchen.

Es muss zu Johanni gewesen sein.

Die drei hatten an diesem Tag ein unschönes Erlebnis.

Auf dem Oechsenberg angekommen setzten sie sich auf einen kantigen Trittstein, einer hier vorhandenen Treppe, die in einen Keller führte.

Ein wenig ausruhen wollten sie sich.

Wie das nun einmal so ist, ergab ein Wort das andere und zum Schluss unterhielten sie sich über das Schloss.

Es ging dabei auch um die bösen Leute, die in dem Schloss einst wohnten.

Eine von ihnen behauptete: „Ich habe gehört, dass die bösen Leute hier noch spuken!"

„Da müssen wir aber aufpassen", meinte mit spöttischen Unterton in der Stimme eine andere von ihnen.

Da ging, ehe sie sich es versahen, ein Herr mit durch viele Falten verrunzelten Gesichtes und uraltväterischen Kleidern an ihnen vorüber.

Die Bekannte und ein Kräuterweib zuckten zusammen und waren zum Tode erschrocken.

Die dritte aber, die sein Gesicht nicht gesehen hatte, verhöhnte den alten Mann, weil er auf ihren Gruß nicht erwiderte und rief hinter her: „Alter Hanswurst!"

Da war der Alte auf einmal verschwunden, als hätte es ihn nicht gegeben.

Die drei Frauen wussten, was sie in diesen Moment tun mussten.

Es hieß, Fersengeld zu geben.

Sie konnten gar nicht schnell den Berg hinunter, wie sie es gern gewollt hätten.

Von allen Seiten wurde auf sie geworfen.

Das Klappern der Wurfgeschosse ließ auf blecherne und kupferne Töpfe schließen, mit denen sie beworfen wurden.

Und das hörte nicht auf, bevor sie nicht zu Hause waren.

Wie waren die drei Frauen froh wieder einigermaßen Heil daheim angekommen zu sein.

$$*$$

Der alte Winter und der Geißbock am Oechsenberg

Ein Mann von Völkershausen, Namens Winter, der abends nach frisch gefallenen Schnee von Sünna nach Hause wollte, begegnete auf dem Wege einen schwarzen Geißbock.

Der Völkershäuser dachte, der Bock sei irgendwo ausgerissen, zog ein Tuch aus der Tasche, schlang es um den Hals und wollte ihn nach Hause führen, wurde aber in dem Augenblick gewahr, dass der Geißbock nur drei Beine hatte. Er ließ ihn los und sah bald darauf den Bock in lustigen Sprüngen den Berg hinauf eilen.

Als er am anderen Tag an derselben Stelle vorüberging, sah er im Schnee nichts als nur seine eigenen Fußtapfen.

Es gibt aber noch eine andere Geschichte, in der der Geißbock erwähnt wird.

Die Geschichte erzählt von einem alten und kalten Winter, der die Menschen und Tiere im Walde quälte.

Eines Tages begegnete der Winter einen Geißbock, der ihm trotze und sich weigerte, vor ihm zu fliehen.

Beeindruckt von der Tapferkeit des Geißbocks, schlug der Winter ihm einen Deal vor.

„Wenn du mich bis zum Frühling begleitest, werde ich dich in Ruhe lassen und den Frühling einläuten".

„Das machen wir so!", stimmte der Geißbock zu und begleitete den Winter auf seinen Streifzügen durch den Wald.

Nach vielen Wochen kamen sie schließlich zum Ochsenberg, wo der Geißbock eine Herde von Ziegen traf.

Der Geißbock beschloss, bei den Ziegen zu bleiben und den Winter alleine weiterziehen zu lassen.

Der Winter war darüber wütend und beschloss, den Frühling nicht einzuläuten, um den Geißbock zu bestrafen.

Aber die anderen Tiere des Waldes, die den tapferen Geißbock kannten und schätzten, beschlossen, dem Geißbock zu helfen, indem sie den Winter mit all ihren Kräften bekämpften.

Letztendlich waren sie erfolgreich, und der Frühling brach an.

Seitdem erinnern die Menschen im Thüringer Wald an die Tapferkeit des Geißbocks und feiern jedes Jahr am Oechsenberg das Ende des Winters und den Beginn des Frühlings.

*

Unheimliche Männer am alten Keller am Oechsenberg

Die alte Anna Barbara Roth war an den alten Keller auf die Wiese gegangen, um Gras zu holen, zum Füttern ihrer Hasen.

Sie hatte ihren Rückentragekorb fast gefüllt, da musste sie sich erst einmal aufrichten, den sie verspürte im Rücken ein schmerzhaftes ziehen.

In diesem Moment kamen zwei große Männer auf dem breiten Weg entlang, der am Rande der Wiese vorbeiging.

Sie dachte sich nichts weiter dabei und füllte den Tragekorb weiter mit dem restlichen Gras von der Wiese.

Als sie damit fertig war und gehen wollte, sah sie das die Männer immer noch da waren.

Das konnte nicht sein?

Es war aber so.

Die Männer spazierten auf dem breiten Weg am Rand der Wiese auf und ab.

Als die alte Roth genauer hinsah, sie wollte sehen, was das für Männer waren, musste sie erkennen, dass diese graue Röcke mit blanken Knöpfen und Stiefel, die bis hoch über die Knie hinauf reichten, trugen.

Das können nur Fremde sein dachte in diesem Moment die alte Anna Bare, die sich hier oben nur umsehen wollen.

Bevor sie sich jedoch auf den Heimweg machte, schaute sie sich die Männer noch einmal genauer an.

Was musste sie da erblicken?

Verrunzelte und mit tiefen Falten durchzogene Gesichter.

Erschrocken bis zum Tode ergriff sie schnell ihren Tragekorb, hockte ihn auf den Rücken und suchte im Laufschritt das Weite.

Sich immer wieder umsehend, ob die Männer ihr folgten.

Von den beiden alten Männern war weit und breit nichts mehr zu sehen.

Erschöpft kam die alte Frau zu Hause an.

Ein anderes Mal sah alte Anna Barbara Roth dort einen Herrn.

Der von Kopf bis zu den Füßen ganz in braun gekleidet winkte ihr zu, ihm doch nach dem alten Keller zu folgen.

Ohne lange zu überlegen, tat sie es.

Auf dem staubigen Weg zu dem Keller betrachte sie den Fremden etwas genauer.

Was musste sie da erblicken?

Der Fremde hatt so lange, dürre, weiße Finger, dass ihr ein gewaltiges Gruseln ankam.

Gänsehaut lief ihr eiskalt über den Rücken.

Am Keller angekommen löste sich der Fremde in Luft auf.

Aufatmend blieb die alte Frau stehen und dankte Gott im Himmel, dass er sie von dem Spuk befreit hatte.

Ohne weiter lange zu überlegen, lief sie den Berg hinunter, so schnell wie sie nur laufen konnte.

Drei blaue Hunde am Oechsenberg

Vor ungefähr 180 Jahren ging in der Winterzeit der Schäfer Conrad Lorey vom Poppenberg an der Kuppe des Oechsenbergs, um sich dort einige Schöpfenstiele zu schneiden.

Als er auf dem „*Stickelpfad*" in der Nähe des alten Kellers anlangte, sah er auf einmal drei blitzblaue, große Hunde mit kurzen Schwänzen und weißen Ringeln um den Hals auf sich zukommen.

Dem Schäfer war nicht wohl zu Mute.

Sich umschauend suchte er nach einer Fluchtmöglichkeit.

Nur freies Feld und eine Buche.

Die Buche, mit ihren 25 Meter geschätzten Größe besaß eine rundförmige, ausgeprägte Krone, mit weit ausladenden und tief hängenden Zweigen. An dem rötlich gefärbten Baumstamm war an verschiedenen Stellen die Rinde geschwulstartig aufgebrochen.

Dieser Baum schien den Schäfer förmlich dazu einzuladen auf ihm hinauf zu klettern.

Es war wirklich die einzige Rettungsmöglichkeit des Schäfers vor dem fürchterlichen Hunden.

Hurtig eilte er auf den Baum zu.

Die Hunde kamen immer näher.

Endlich hatte er den Baum erreicht. Er kletterte an den hellgrau schimmernden Stamm, dessen Rinde sehr glatt wirkte hinauf und verschwand zwischen den Zweigen mit elliptisch geformten dunkelgrün glänzenden Blättern.

Knurrend standen die Tiere, mit erhobenen Köpfen unter den Baum.

Von oben, im Schutz der Krone betrachtete der Schäfer die drei Hunde.

Diese liefen einige Mal um den Baum, blieben dann stehen und schauten erneut mit erhobenem Kopf hinauf in den dichten Blätterwald.

Der Schäfer wähnte sich in Sicherheit vor den schrecklichen Tieren. Vermied jedoch jede Bewegung um die Hunde nicht unnötig auf sich aufmerksam zu machen.

Das schien ihm auch gelungen zu sein.

Die drei Hunde legten sich unter den Baum.

Es vergingen zehn Minuten.

Nach einer halben Stunde bewegten sich die Hunde immer noch nicht.

Da dem Schäfer, jetzt das alles zu lange währte, brach er einige Äste ab und warf sie herab auf die unter den Baum liegenden Tiere.

Die Hunde erhoben sich, schauten noch einige Zeit hinauf zur Krone des Baumes, als würden sie den Schäfer dort sehen.

Endlich geriet Bewegung in die Tiere und sie gingen Schritt für Schritt auf dem alten Keller zu.

Aufatmend beobachtete der Schäfer jede Bewegung, der sich entfernenden großen Hunde mit den kurzen Schwänzen, die vor den Augen des geängstigten Schäfers verschwanden.

Der aber dankte Gott, als er mit heiler Haut wieder daheim saß.

*

Die Coeur-Sechs über den Eingang der Apotheke in Tiefenort

Kommst du als Fremder nach Tiefenort und fragst nach der Apotheke, so zeigt man dir den Weg nach einem einst etwa nordöstlich von der Kirche liegenden Gebäude. Es ist der ehemalige Sitz des Grafen von Beichlingen.

Bevor du das Gebäude erreichst, führt dich der Weg über einen ummauerten Vorhof und erst dann stehst du vor dem Eingang des steinernen, schlossartigen Gebäudes.

Über der Tür sind die Wappenschilder der Beichlingers angebracht. Überrascht wird dein Auge dann feststellen, dass es statt der beiden roten Querbalken im weißen Feld, im

Wappenschild der Beichlingers die Coeur-Sechs, die Herz-Sechs des Skatkartenblattes, erblickt.

Die Sage, die man sich darüber erzählt, erklärt dies auf folgenderweise.

Anfang des 16. Jahrhunderts soll hier noch der Letzte des Namens von Beichlingen sein Domizil gehabt haben. Ein sehr leichtsinniger, den mit Wein gefüllten Humpen, wie dem Spiel ergebener Geselle.

Ein neues Kartenspiel war gerade aufgekommen.

Das Skatspiel!

So war es auch weiter nicht verwunderlich, dass der Beichlinger auf dieses Kartenspiel so leidenschaftlich versessen war, dass er nach und nach fast alle seine beweglichen und festen Habe verspielte.

Eines Tages saß er mit seinen Spielkumpanen wieder einmal zum Skat spielend zusammen, wobei es wie immer hoch her ging.

Die Karten wurden gemischt, ausgeteilt und gespielt.

Mit „Kontra" und „Ree" und wechselhaftem Glück für den einen und anderen Spieler verging die Zeit.

Nur der Beichlinger verlor ein Spiel nach dem anderen.

Nachdem er keinen roten Heller mehr in der Tasche hatte, setzte er zu guter Letzt in seiner Spielsucht, die ihn ergriffen hatte, auch noch sein letztes Gut, den Burghof in Tiefenort.

Im Glauben, ein sicheres Blatt auf der Hand zu haben, setzte er auf die Coeur-Sechs.

Was war aber das Ende vom Liede?

Er verlor auch dieses Spiel und der Einsatz seines Burghofes zu Tiefenort ging ebenfalls zum Kuckuck.

Wie kam nun die Coeur-Sechs in das Wappen der Beichlinger?

Um den letzten Besitztum, den der Graf verspielt hatte, dem Edelmann überschreiben zu können, der gewonnen hatte, waren beide verpflichtet, sich an den Hof des Herzogs Friedrich Wilhelm von Sachsen zu begeben. So wie es zu diesen Zeiten üblich war, musste der Regent dem Wechsel, beziehungsweise die Übereignung von Besitzverhältnissen bestätigen.

Aber Beichlings Verwandte hatte etwas gegen diesen Besitzwechsel und sie stellten sich hinter den Spielsüchtigen.

Dies taten sie nicht ganz uneigennützig.

Die Angehörigen der Sippe der Beichlingers, die sich erboten, ihm seine Schulden zu bezahlen und den Burghof zu Tiefenort auszulösen, stellten die Bedingung, die für ihn so bedeutungsvolle Coeur-Sechs in sein Wappen aufzunehmen und sich fortan nicht mehr von Beichlingen zu nennen, sondern von Spielberg.

Keinen roten Heller mehr in der Tasche, nackt bis auf die Haut blieb dem Grafen nichts anderes übrig, als auf diesen Vorschlag einzugehen.

Somit kam die Coeur-Sechs in das Wappen über der Eingangstür des zu einer Apotheke eingerichteten Burghofes.

Vom verwünschten tollen Fuhrmann

Zu Tiefenort und Kaiseroda erzählte man sich vor langer Zeit eine seltsame Geschichte von einem Fuhrmann.

Überliefert wurde diese von Generation zu Generation, bis in die heutige Zeit.

Der Fuhrmann, um dem es hier geht, solle ein toller Mann gewesen sein, der durch zahlreiche ruchlose Gaunereien und frevelhafte Taten, sie spannten sich über das Betrügen beim Kartenspielen bis zum Verrücken von Grenzsteinen in tiefster Nacht, dazu verdammt wurde als *„Gake"*, so nannte man damals die Raben, rastlos durch die Lüfte zu toben.

Lange Zeit wurde er noch von vielen gesehen, besonders dann, wenn er mit seinen Artgenossen lärmend über die Wiesen, Felder und Wälder segelte.

Krächzend und flügelschlagend ließ sich der zum Rabe verurteilte Fuhrmann mit Hereinbrechen der Dunkelheit in den dichten Kronen der Bäume im Lengsfelder Wald nieder. Und schon gesellten sich zu ihm zahlreiche Artgenossen, mit denen es wohl auch nicht ganz richtig her war.

Stand der gelbe Mond hoch am Himmel und tauchte die Landschaft in bleiches Licht, erhob sich gellend krächzend der Schwarm aus den Bäumen und streifte quer über den Werragrund hin, an der Spitze der zum Raben verwandelte Fuhrmann.

Handwerker und friedliche Wandersleute, die nachts ihren Weg durch den Werragrund nahmen, zuckten jedes Mal erschauernd zusammen, wenn über ihnen rechts und links lautes Krächzen einsetzte.

Ihre Flügel weit gefächert, die Beine dicht angezogen schwebten die schwarzen Vögel über die Köpfe der Erschrockenen hin, um im nächsten Augenblick laut krächzend und wie wild flügelschlagend im weiten Bogen über den Werragrund hinzustreifen. Das Seltsame war dabei: Jedes Mal, wenn der Schwarm der Schwarzgefiederten vom Lengsfelder Weg quer über die sumpfigen Werrawiesen zog, erfüllte die

Luft ein Heulen und Jaulen, Seufzen und Wimmern als wollte die Vogelschar zum nächsten Gotteshaus sausen, um sich den Segen des Schöpfers zu holen.

Zu Lebzeiten hatten sie lieber inmitten illustren Runden gottloser Zecher und Spieler gesessen als den Worten des Herrn Gehör zu schenken.

Etwas Gutes hatte es aber auch, wenn der als Rabe verwandelte Fuhrmann an der Spitze der wild krächzenden Vogelschar flügelschlagend über den Werragrund dahinjagte.

Jedes Mal flüsterten dann die Bauern sich dabei scheu umschauend, hinter vorgehaltener Hand zu: „Dieses Jahr wird es wieder ein fruchtbares und gesegnetes Jahr."

Und so war es dann auch.

Von der Burg Kraienberg (Krayenberg)

K aum zwei Stunden unterhalb Salzungen hinter dem Orte Tiefenort setzt einer der interessantesten südwestlichen Ausläufer des Thüringer Waldes seinen Fuß in das Werratal, der Krayenberg.

Er erreicht eine Höhe von 431 Meter.

Auf dem kegelförmigen Gipfel befinden sich die Reste einer romanischen Burg, vom dichten Buchenbestand umgeben.

Den von der Burganlage noch vorhandenen runde Turm mit dem leuchtenden Kupferdach kann man schon von Weitem erblicken.

Der Wandersmann, der auf dem bewaldeten Gipfel für einen Moment verweilt, dem bietet sich von hier aus eine weite und prächtige Fernsicht. Er kann seinen Blick weit über das Werratal bis zu den grünbewaldeten Hängen des Thüringer Waldes hinüber schweifen lassen.

Wenn man auch in der Urkunde vom 28. Juli 1155, wo die Krayenburg erstmals erwähnt wurde, davon spricht, dass diese sich im Besitz des Dynasten-Geschlechts der Frankensteiner befand, heißt das noch lange nicht, dass diese die Gründer der Burg waren.

Seine geschichtliche Bedeutung erlangte der Krayenberg mit einer Wall- und Fliehburg schon um 500 Jahre nach Christus.

Die eigentliche Geschichte der Krayenburg beginnt jedoch erst 786, als Karl der Große die Villa Dorndorf dem Kloster Hersfeld schenkt.

Richtig ist jedoch, dass die Frankensteiner die Burg weiter ausbauten.

Die Sage berichtet, dass bei der Erbauung der Burg ein lebendiges Kind in einer steinernen Wiege eingemauert wurde, um nach damaligem Aberglauben jene Burg unüberwindlich zu machen.

Führte einst der Weg den einen oder anderen durch den dichten Buchenbestand des Krayenberges bis in die Nähe des Gemäuers der Burg, glaubten dieser oder diese ein klägliches Wimmern zu hören.

Eiskalt lief es dann den Wandersmann über den Rücken und mit bleichem Antlitz suchte er eilends das Weite.

Ebenso wird erzählt, dass dort droben zuweilen ein mit Blumen spielendes weiß gekleidetes Kindlein zu sehen sei - zart und zerbrechlich.

Versuchte man sich jedoch der Kleinen zu nähern, verschwand es wie ein Spuk. Und über der Stelle, wo das Kind eben noch gewesen war, schien ein leichter Dunstschleier in der Luft zu hängen, den eine leichte Brise verwehte.

Einer Frau, so wird berichtet, war es gelungen, sich auf leisen Sohlen dem Mädchen bis auf wenige Schritte zu nähern.

Traurig blickend saß das weiß gekleidete Wesen im tiefen grünen Gras und spielte mit den bunten Blumen.

Farbenprächtige Schmetterlinge flatterten mit zartem Flügelschlag von einer Pflanze zur anderen und ließen sich hin und wieder auf der einen und anderen nieder.

Ihr Umfeld schien die Kleine völlig vergessen zu haben.

Jetzt war die Frau so nahe an dem Kind, dass sie nach ihr greifen konnte. Die Hand ausstreckend wollte sie diese auf die Schulter des Kindes legen.

Und da geschah es.

Plötzlich war das Kind verschwunden und an seiner Stelle flatterte ein wunderschöner blauer Schmetterling mit durchscheinenden Flügeln über die sich leicht im Wind bewegenden grünen Grashalme.

Vergeblich versuchte die Frau, nach ihm zu haschen, aber er entschwebte himmelwärts.

So vergingen die Jahre, bis eines Tages wieder einmal ein teilweiser Abriss des Gemäuers auf der Tagesordnung stand.

Ihr glaubt nicht, was man da fand?

Man stieß auf einen losen Stein, hinter dem sich eine Höhlung befand und in diesem Hohlraum stand ein kleiner steinerner Sarg. Nachdem die Öffnung groß genug war, zog man vorsichtig den Steinsarg heraus und hob den Deckel ab.

Und da lag es, das Skelett eines Kindes.

Ab diesem Zeitpunkt verstummte das herzzerreißenden Wimmern droben auf dem Krayenberg und das zarte weiß gekleidete Wesen verschwand für immer.

Auch von einer steinernen Wiege, die unter den Burgtrümmern verborgen gewesen sein soll, wollten alte Leute noch gehört haben.

✳

Der Schatz auf dem Schneidersberge bei Wildprechtroda

Zwischen Wildprechtroda und Kaltenborn, östlich vom Unteren Sorghof am rechte Ufer der Fitze, erhebt sich ein an der Talseite mit Kiefern bewachsener Hügel „Schneidersberg" wir er im Volksmund genannt.

Von diesem mit zahlreichen alten Nadelbäumen bewachsener Hügel erzählt man sich heute noch unter vorgehaltener Hand, dass auf dessen wüster Hochebene große Schätze vergraben liegen sollen.

Die Schätze könnten stillschweigend von jedem geborgen werden. Dieser müsste nur die Zeit des Christfestes abwarten, um dann zur Geisterstunde hinauf auf den „Schneiderberg" zu schleichen.

Viele sollten es bereits versucht haben. Aber bisher ist es keinem gelungen, je etwas von einem Schatz zu finden.

Genau um die genannte Zeit soll auf dem Berg auch ein helles Feuer gebrannt haben, von einem Funken sprühenden Rad umkreist, dass dann den Berg hinunter rollte.

Nur ist davon in der heutigen Zeit nichts mehr wahrzunehmen.

Wildprechtroda

Beherzte Weiber von den beiden Sorghöfen wagten mehrmals zur Zeit des Christfestes, in jener Stunde, die den Geistern gehörte, sich den Berg zu nähern.

Sie hatten nur eins im Sinn, den Schatz wollten sie heben.

Aber wie es nun einmal den Frauen so eigen ist, konnten sie ihren Mund nicht halten. In einem fort plappernd erreichten sie die Höhe des Berges.

Das diffuse Licht des goldgelben Mondes hoch oben am nächtlichen Winterhimmel tauchte den Hügel in gespenstisches Licht.

Auf dem Berg angekommen schauten sich die Frauen nach allen Seiten um. Suchten emsig unter den Kiefern. Befreiten hier und dort die Erde vom Schnee. Nur von einem Schatz fanden die Frauen weit und breit nichts.

Die weiblichen Personen mussten enttäuscht und unver-
richteter Dinge wieder abziehen, so soll man es sich erzählt
haben.

*

Von dem Wirtshaus zum weißen Ross in Immelborn und dem Gut Craimer

Von dem Wirtshaus und dem Gut erzählt man sich nach-
folgende gleichlautende Sage.

Es muss schon vor längerer Zeit gewesen sein. Auf beiden
Anwesen saßen die Mägde zu unterschiedlichen Tageszeiten
in den Kuhställen, auf ihren Melkschemeln vor einer Kuh.
Nach dem Massieren der Euter begannen sie mit beiden Hän-
den an den Sitzen zu ziehen.

In kurzen Strahlen schoss die Milch zischen in die Milch-
eimer.

Da, was war das?

Knarrend und quietschend öffnete sich die hölzerne Stall-
tür in den verrosteten Türangeln.

Erstaunt blickte die Magd auf.

In der geöffneten Tür stand eine ganz in weiß gekleidete
Frau, die langsamen Schrittes auf die Magd zu kam.

Kurz blieb sie stehen und nahm den Melkschemel der
noch an einen Haken hing von der Wand.

„Wer sind sie? Was wollen sie hier?", wollte die Magd von
der Frau wissen.

Keine Antwort.

Weiße Ross

„Wo kommen sie denn überhaupt her?"

Schweigend schritt die Frau auf die andere Seite von der Kuh, setzte sich auf dem Melkschemel und begann an den beiden anderen Sitzen zu ziehen.

Im Gleichklang zischte die Milch in dünnen Strahlen in den Milcheimer.

Die weiße Frau stand erst dann wieder auf, bis der Eimer mit warmer Kuhmilch gefüllt war.

Ohne ein Wort zu verlieren, verließ sie den Kuhstall.

Wie von Geisterhand schloss sich hinter ihr die Stalltür quietschend in ihren rostigen Angeln.

Was war das denn?

Die Magd hatte keine Ahnung, was das eben gewesen war.

Am nächsten Tag, das gleiche Spiel.

Wieder betrat die weiße Frau den Kuhstall, ließ sich gegen über der Magd nieder und begann fleißig beim Melken zu helfen, und jedes Mal, wenn die Magd den Melkschemel wieder an den hölzernen Nagel im Stall aufgehangen hatte, verschwand die weiße Frau ohne ein Wörtchen fallen zu lassen durch die Stalltür.

Woher diese freundliche Frau gekommen und wohin sie gegangen war, das hat niemand erfahren können.

Sie kam jeden Tag und half den Mägden beim Melken der Kühe bis zu dem Tag, als ein Neubau mit Stallungen vorgenommen wurde.

Die weiße Frau ward nie wieder gesehen.

Der Pummpälz

Die Kur- und Kreisstadt Bad Salzungen, mit einem der ältesten Solebäder Deutschlands, liegt eingebettet zwischen den Südwesthängen des Thüringer Waldes und der kuppenreichen Rhön im lieblichen Werratal.

Umgeben ist der Ort nicht nur von zahlreichen Waldgebieten und herrlichen Tälern, sondern auch von sagenhaften Orten.

In der Tiefe der hier schier endlosen Wälder des Thüringer Waldes gibt es noch heute Plätze der Ruhe wie vor Tausenden von Jahren.

Diese Stellen im finsteren Tann umgibt ein Hauch von Stille im Angesicht des allgewaltigen Gleichklangs der Natur.

Aus der Reflexion zu solchen Flecken entstanden in den Vorstellungen unsere Vorfahren zahlreiche Geschichten und Erzählungen über Naturgeister, so auch über die listigsten und pfiffigsten Kobolde in ihrer mannigfachsten Art.

Einer davon ist der Pummpälz, der bekannteste Thüringer Kobold.

Der Pummpälz, ein rauhaariger Geselle, versteckte sich in der Tiefe des Thüringer Waldes.

Seine Wurzeln liegen im Moorgrund genauer gesagt im Ortsteil Gumpelstadt.

Hier ganz in der Nähe gibt es ein Porn- oder Pummwasser über das ein Steg führt. Dieser Pummsteg, wie er genannt wird, hatte es den Pummpälz besonders angetan. An diesem Platz trieb der kleine, sehr agile Kobold, ähnlich dem Steinbacher Bieresel, oft sein Unwesen.

Eigentlich war der Pummpälz nicht so recht böser Natur. Er versuchte nur auf seine Weise Menschen, die die Regeln des Zusammenlebens missachteten und Finsteres im Schilde führten, wieder auf den rechten Weg zurückzuführen.

Dies machte er nicht gerade auf eine zärtliche Art.

Nacht für Nacht wartete der kleine Kobold versteckt im nahen Gestrüpp an der besagten Brücke auf seine Opfer.

Was heißt hier überhaupt Opfer?

Es waren immer solche Menschen, die seiner Hilfe bedurften. Egal ob sich diese auf Diebestour befanden oder nach dem Besuch des Wirtshauses den rechten Weg nicht mehr nach Hause fanden.

Näherte sich dann so ein Windhund der Brücke, war es um diesen geschehen. Ehe es sich dieser noch so recht bewusst wurde, saß der kleine rauhaarige Kobold - wie feurige Kohlen glühten seine Augen - schon auf dem Nacken des Nachtwandlers.

Schon hagelte es rechts und links Ohrfeigen.

Und nicht nur das, er zappelte wie ein Wilder auf dem Rücken des Geschundenen hin und her.

Vergeblich versuchten die Überraschten, den kleinen Widerling abzuschütteln.

Je mehr es diese versuchten, desto dichter hagelten die Schläge auf Kopf und Nacken.

Eine Packpfeife folgte der anderen.

Todesangst erfasste die Geschlagenen.

Den Misshandelten blieb nichts anderes übrig, als die Flucht nach vorne anzutreten.

Schnellen Schrittes versuchte dieser das Weite zu finden.

Schwerer und schwerer wurde die Last auf den Schultern.

Letztendlich war es nur noch ein Stolpern des Geschundenen, ein Hinfallen und sich wieder mühsam Aufrappeln.

Vorwärts, immer nur vorwärts!

Erst als der Pummpälz sicher war, dass sein Opfer sich auf dem rechten Wege befand, ließ der kleine agile Kobold von diesem ab. Mit einem letzten Jaulen und Fauchen zugleich sprang er von dessen Schultern und verschwand in der Dunkelheit der Nacht.

Zurück blieb ein am Ende seiner Kräfte, todbleicher und am ganzen Körper zitternder Mensch.

In seinem Reich, dem Thüringer Wald, war der Pummpälz, oder heute auch liebevoll das „*Pummpälzchen*" genannt, nicht nur der gewiefteste und bekannteste Kobold, er bekam auch einen Weg - den Pummpälzweg.

Entlang des etwa 28 Kilometer langen Weges zwischen der Wartburg und der Kunstruine Frankenstein findet man 22 sagenhafte wunderschöne Holzskulpturen sowie Informationstafeln, die den Weg säumen.

Sie erzählen von den im 19. Jahrhundert entstandenen Sagen des Thüringer Schriftstellers Ludwig Bechstein und des Salzunger Mundartendichter Christian Ludwig Wucke.

Der Umgänger von Leimbach

Einst verlor in Leimbach ein Kind durch einen tragischen Unfall Mutter und Vater und es gab auch weiter keine Verwandten, die sich um das arme Wesen kümmern konnten.

So wurde für das Kind ein Vormund bestellt, der auch das Vermögen des Waisen bis zu dessen Volljährigkeit zu verwalten hatte.

Aber der Vormund war ein unrechter Mann. Er überlegte hin und her, wie er die Vormundschaft zu seinen Gunsten nutzen konnte.

Dabei kam er auf die Idee, durch allerlei Kniffe während der Vermögensverwaltung eines dem Mündel gehörendes Stück Wald am Lengsfelder Weg an sich zu bringen.

Der Mann setzte sein Vorhaben so gut in die Tat um, dass man ihm sein unrechtmäßiges Tun noch nicht einmal nachweisen konnte.

Wenn schon nicht zu Lebzeiten, so sollte der Vormund für seine Habgier nach seinem Ableben die gerechte Strafe erhalten.

Er sollte nach seinem Tode keiner Ruhe im Grab gefunden haben.

Lange Zeit erzählte man sich noch, dass dessen Geist sich droben in dem besagten Wald Nacht für Nacht ruhelos umher trieb.

Jedes Mal, wenn die Turmuhren der Umgebung zur Mitternachtsstunde schlugen, begann eine dunkle Gestalt, es war der verstorbene Vormund, in dem Waldstück hektisch hin und her zu springen.

Einen langen Stab, den er in den Händen hielt, bald hier, bald da anlegend irrte er zwischen den Baumstämmen ruhelos hin und her.

Nur traf er nie das rechte Stück.

Zeigten die Turmuhren mit ihrem Glockenschlag das Ende der Geisterstunde an, löste der Spuk sich in nichts auf.

Ein schwacher Wind bewegte das Blätterdach der Bäume, ließ es rauschen und wispern.

Lange fand der betrügerische Vermögensverwalter keine Ruhe.

Eines Tages, aus welchem Grund auch immer, gaben die Erben das unrechtmäßig erworbene Gut an die rechtmäßigen Eigentümer zurück.

In der darauf folgenden Nacht erschien der spukende Vormund wieder mit seinem Stab in dem besagten Waldstück. Legte seinen langen Stab an und siehe da, er fand sofort das richtige Maß.

Ab dieser Nacht wurde der Umgänger nie wieder gesehen. Er hatte seine Ruhe gefunden.

*

Der feurige Mann und die alte Schwarz von Leimbach

Im Werragrund, besonders in den Niederungen in der unmittelbaren Nähe des Flusses, wo die Feuchtigkeit als Dunstschleier in den Morgen- und Abendstunden über den sumpfigen Wiesen hing, schwebten einst rot glühende Männer, ganz in bläulichen Flammen gehüllt, begleitet von zischenden Geräuschen langsam dahin.

Einer dieser feurigen Männer soll sich zur Adventszeit in der Nähe des sogenannten *„Kehlloches"* herumgetrieben haben. Jedes Mal, wenn er auftauchte und fauchend wie ein Kugelblitz durch die Luft schwirrte, jagte er den Leuten einen heillosen Schrecken ein.

Von der Angst gepeinigt nahmen diese reiß aus und suchten ihr Heil in der Flucht.

Als ob der feurige Mann sich darüber freuen würde, drehte er sich auf der Stelle, hoch in die Luft, in einer rot glühenden, Funken sprühenden Spirale.

Eine Leimbacherin namens Schwarz sah die in hellen Flammen leuchtende Erscheinung dort fast jeden Abend von ihrem Fenster aus. Sie beobachtete, dass der feurige Mann, sich mal dem Dorf näherte und mal sich wieder entfernte.

189

Und dieses Spiel trieb der ohne Unterlass, umhüllt von dem Schein rot zuckender Flammen über den Wiesen ganz in der Nähe des *„Kehlloches"* schwebend.

Da die Frau nicht nur neugierig, sondern auch vorwitzig war, rief sie dem feurigen Mann von ihrem Fenster aus eines Tages keck zu: „Gahlbein, Gahlbein, ich will, dass du hier auf unserem Mist säßest!"

Der aber Verstand keinen Spaß!

Kaum hatte die Schwarz die Worte über die Lippen gebracht, als auch schon der Feurige wie ein Pfeil auf das Haus zuschoss und dicht vor der Frau auf dem Mist stand.

Entsetzt wich die übermütige Frau vom offenen Fenster zurück, fand kaum noch Zeit, den Laden vor das Fenster zu schieben und fest zu verriegeln.

Da prallte der feurige Mann dröhnend gegen den Fensterladen. Es zischte, heulte und knisterte, als wenn das ganze Haus in Flammen aufgehen wolle.

Am ganzen Leibe zitternd, stand die Frau wie ein Häufchen Elend in der Mitte des Zimmers.

Vergeblich versuchte der feurige Mann, in das Haus einzudringen. Als er endlich begriff, dass seine Bemühungen erfolglos blieben, schoss er wie ein Flammenschwert über die Werrawiesen davon und verschwand hinter den Friedhofsmauern.

Fast schmerzvoll war schon die Stille, die eintrat.

Am nächsten Tag war nicht nur am Haus zu erkennen, was der Feurige angerichtet hatte, auch der Frau ging es schlecht. Das ganze Gesicht war voller Blasen und sie musste 14 Tage das Bett hüten.

✳

Vom roten Dost gegen Hexen und Teufel

chon seit alten Zeiten gab es im Werragrund kluge und mutige Frauen.

Es waren Hexen, Heilerinnen, Kräuterfrauen, Hebammen und gelehrte Frauen, die hoch geachtet und deren Meinung geschätzt wurde. Sie waren sich ihres Wissens um die Kräuter und deren Wirkung bewusst und nahmen es deshalb mit Tod und Teufel auf.

Jedes größere Dorf hatte sein *„Kräuterweiblein",* dessen Heilkunst hoch geachtet war.

So geschah es einmal, dass eine Wöchnerin aus Breitungen sich nicht an das in dieser Gegend übliche Gebot hielt, das da hieß: Die ersten neun Tage den Keller zu meiden.

Und das hatte seinen guten Grund, sie lief in dieser Zeit in Gefahr, den Teufel herauszufordern.

Die Frau stieg dennoch in den Keller hinab, nahm aber zur Sicherheit roten Dost mit, eine bekannte Heilpflanze, die auch wilder Majoran, Wohlgemuth, Badkraut usw. genannt wurde.

Sie hatte gerade die Letzte der ausgetretenen Steinstufen verlassen und war zögernden Schrittes wenige Meter in den halbdunklen Kellerraum hineingegangen, da geschah es.

Zischen und Fauchen!

Etwas dichtes Weißes breitete sich in der gegenüberliegenden Ecke aus, schillerte in allen Farben des Regenbogens.

Etwas Unheimliches, Unbegreifliches schien im Raum zu schweben und das Unheimliche nahm langsam Gestalt an.

Eine Gestalt!?

Die Gestalt des Teufels, aus dessen gelbgrünen Augen grelle Blitze schossen.

„Was willst du hier? Du hast das Gebot gebrochen und ich muss dir das Genick brechen!"

Obwohl der Frau das Herz bis zum Hals schlug und Angstschweiß ihr Gesicht wie ein feuchtes Netz bedeckte, ließ sie sich nicht ins Boxhorn jagen und antwortete mutig: „Daraus wird wohl nichts werden. Ich habe vorgesorgt!"

„Was redest du da, Frau? Ich bin der Teufel!"

Die Zeit im Raum schien auf einmal mit den Worten des Gewaltigen stillzustehen.

„Auch wenn du der Teufel bist, kannst du mir nichts anhaben!", antwortete unbeeindruckt von den Worten des Teufels die Frau und zog unter ihrem Rock roten Dost hervor.

In diesem Moment schienen die Augen noch teuflischer zu glühen, mit den der Beelzebub die Frau wütend ansah, und ungehalten kamen die Worte über seine Lippen: „Du bist eine kluge Frau, hast roten Dost mitgenommen, das ist dein Glück!"

Mit Blitz und Donner verschwand der Höllenfürst auf Nimmerwiedersehen. Zurück blieb fürchterlicher Schwefelgestank.

Vielleicht lassen sich die Teufel unserer Zeit auch mit rotem Dost vertreiben? Das wäre einen Versuch wert!

Von den Knoten beim Hauenhof

Wo heute eine asphaltierte Fahrstraße von Breitungen über Neuhof, den Hauenhof bis nach Immelborn neben dem stählernen Band einer Eisenbahnlinie her läuft, gab es früher, als unsere Vorfahren noch oft zwischen den Ortschaften hin und her liefen, nur ein ausgetretener Fußpfad.

Das schmale Band des Weges schlängelte sich über Wiesen und Felder und hinter den Hauenhof durch dichtes Gestrüpp, unmittelbar an zahlreichen Bäumen mit weit ausladenden Kronen vorbei, die rechts und links den Fußweg säumten.

Dort wo es denn zum Pleß hinaufging, durfte man nicht vom Wege abkommen.

Unter einer grün bewachsenen Fläche verbarg sich hier ein kleiner Salzteich, in dem es unheimlich gluckerte. Doch bereits nach wenigen Schritten weiter traten die Bäume des Waldes zurück und gaben den Blick frei auf die blinkende Wasserfläche eines Sees, auf der sich die hellen Sonnenstrahlen spiegelten.

Hier an dieser Stelle, bevor der Weg den Wald verließ, soll man Jahr um Jahr einen frisch geknüpften Knoten in dem grünen Gesträuch des dichten Unterholzes gesehen haben.

Über die Bedeutung dieses Knotens erzählte man sich folgende Geschichte.

In Altenbreitungen wohnte einst ein Holzhändler, der hin und wieder auch ein gewinnbringendes Geschäft abwickelte.

Der Abschluss solch eines Geschäftes stand wieder einmal kurz bevor und er benötigte dafür eine größere Summe Geldes.

Diese konnte er aber nur in Salzungen bekommen.

Also machte er sich auf den Weg.

In Salzungen erhielt er dann auch den geforderten Betrag.

Das Geld in der Tasche machte er sich frohen Mutes wieder auf den Heimweg.

Nichts ahnend, ein fröhliches Liedchen vor sich hin pfeifend erreichte der Holzhändler die Stelle, wo der Weg am kleinen Salzteich wieder in den Wald hinein führte, ganz in der Nähe des Hauenhofes.

Mal leises Rascheln, dann ein Fiepen wie von jungen Mäusen war aus dem Gebüsch zu hören.

Hin und wieder schliff auch etwas über den Boden - die vielstimmige Sprache der Natur, also nichts Ungewöhnliches.

Dann ging alles sehr schnell.

Laut knackende Äste.

Wie Schatten tauchten plötzlich Männer mit rußgeschwärzten Gesichtern zwischen dem dichten Gesträuch auf und stellten sich dem Holzhändler in den Weg.

„Her mit dem Geld!", es schien der Anführer zu sein, der dies forderte.

Er stand mit einem Knüppel in der Hand vor dem zu Tode Erschrockenen.

„Was für Geld?"

„Das Geld, das du von Salzungen geholt hast!"

„Ich weiß nichts von Geld!"

Ohne sich auf eine weitere Diskussion einzulassen, zog er den Holzhändler den Knüppel über den Kopf.

Laut aufschreiend stürzte der Mann zu Boden.

Leblos lag er da.

Hastig durchsuchten die Räuber die Taschen des Holzhändlers und fanden wirklich das Geld.

Wenige Minuten später waren die Männer im dichten Gebüsch mit ihrer Beute verschwunden.

Im Staub des Weges liegend, blieb zurück der niedergeschlagene Holzhändler, der an Ort und Stelle seinen Geist aufgab. Der Schlag mit dem Knüppel war wohl doch zu kräftig gewesen.

Ein vorbeikommender Wandersmann fand den Holzhändler erst Stunden später in seinem eigenen Blut liegend.

Der Familie war sofort klar, wer der Täter oder die Täter nur sein konnten. Denn bevor der Holzhändler sich auf den Weg nach Salzungen begab, hatte er seinen Angehörigen davon erzählt, wem er von seinem Vorhaben etwas erzählt hatte.

Nur konnte diesen die Tat nicht nachgewiesen werden.

Um die Erinnerung an dieses Verbrechen nicht in Vergessenheit geraten zu lassen, knüpften die Angehörigen des Opfers alljährlich an der Stelle, wo die blutige Tat geschah, einen frischen Knoten in die Hecke.

Generationen von Nachkommen sollen diesen Brauch fortgeführt haben.

Ob wohl heute noch ein Knoten zu finden ist?

Schaut selbst nach!

*

Wie einem der Sparpfennig die Ruhe im Grab raubt

In Tiefenort lebte ein Junge, der jeden Pfennig, den er erhielt, zur Seite legte und sich so nach und nach die Summe von fünf Gulden zusammensparte. Dies tat er so heimlich, dass seine Eltern und Geschwister nichts davon mitbekamen. Damit das zusammengesparte Geld keiner bei ihm fand, suchte er sich dafür ein geeignetes Versteck. Dieses fand er auf dem Dachboden des Hauses. Hier löste er einen Holzsparren aus dem Gebälk des Daches und in die darunter liegende Höhlung kam der Beutel mit den Gulden. Anschließend verschloss er die Öffnung wieder so geschickt, dass von dem Versteck nicht das Geringste zu sehen war.

Doch plötzlich starb der Junge und niemand ahnte etwas von dem im Haus versteckten Schatz.

Eines Tages ergab es sich, dass die Schwester irgendetwas vom Dachboden holen musste. Kaum hatte diese die hölzerne Tür, die auf den Boden führte, geöffnet stieß sie einen lauten Schrei aus, drehte sich schreckensbleich um und stürzte in aller Hast die Treppe hinunter.

Der Vater, der am Fuße der Treppe stand, bekam das seltsame Gebaren seiner Tochter mit und wollte besorgt von ihr wissen: „Was ist denn mit dir los, mein Kind?"

Schlotternd am ganzen Körper stand das Mädchen da und konnte kaum die Worte herausbringen: „Vater, unser Junge steht leibhaftig droben auf dem Boden und kratzt und klopft mit einem Sparren an einem Brett herum."

Der Vater wollte nichts davon wissen und fuhr die Tochter an: „Lass das alberne Gerede! ... Du weißt genau, dass unser Junge vor einem halben Jahr verstorben ist!"

„Vater! ... Es ist unser Junge, den ich da auf dem Boden gesehen habe. Leibhaftig stand er vor mir!", blieb das Mädchen aber bei ihrer Aussage.

Ob dieser Beteuerung ließ sich der Vater bewegen, stieg die Treppe zum Dachboden hinauf, um selbst nachzusehen, und murmelte dabei vor sich hin: „Was das Gör wohl gesehen hat?"

Als er den Boden betrat, blieb er wie angewachsen stehen und es verschlug ihm die Sprache.

Seine Tochter hatte sich nicht getäuscht.

Nur kurz dauerte die Schrecksekunde des Mannes.

Er schritt beherzt auf sein Kind zu und stellte die Frage: „Mein Kind, was machst du hier? Wieso findest du keine Ruhe in deinem Grab?"

Er bekam jedoch keine Antwort.

„Was kann ich für dich tun? Wie kann ich dir helfen?"

Auf die Frage des Vaters hin deutete der Junge nach dem Brett, unter dem er seinen kleinen Schatz versteckt hatte.

Der Vater griff nach der bezeichneten Stelle, riss das dünne Brett los und fasste in die entstandene Öffnung. Wie groß war da sein Erstaunen, als er einen kleinen Lederbeutel mit Inhalt fand, den er hervorzog.

„Was ist das?", wollte er wissen und drehte sich um. Von seinem Kind war nichts mehr zu sehen, als wenn es sich in Luft aufgelöst hätte.

Vor sich hinmurmelnd: „Was soll's", öffnete er den Beutel und erblickte mit Erstaunen eine Anzahl Gulden.

Seitdem wurde von dem Jungen nie wieder etwas gesehen, sicherlich hatte er mit der Preisgabe seines kleinen Geheimnisses endlich seine Ruhe im Grab gefunden.

Das „Narren" am alten Schloss Krayenberg

Über den Krayenberg oder den Kleinbärk wie er vor langer Zeit genannt wurde kursieren vieler Art seltsamer

Geschichten, die in Erzählungen von Generation zu Generation weiter gegeben wurden.

So berichtete einst die Rike von Urnshausen, die einige Jahre drunten in Kieselbach gedient hatte, von einem solchen Geschehen, das ihr wirklich widerfahren sei und Wort für Wort stimmen würde.

Nun gut! Ob die Geschichte nun stimmt oder nicht, kann ein jeder am Ende dieser Erzählung für sich selbst einschätzen.

Die Urnshäuserin hatte erfahren, dass es droben am alten Schloss wunderschöne, große Erdbeeren und Himbeeren geben solle. So dachte sie sich: Guck, du könntest einmal hinauf in die Beeren gehen.

Gedacht, getan!

An einem schönen warmen Sommertag machte sich die Rike auf den Weg.

Die Grillen zirpten im grünen Gras, die Vögel zwitscherten hoch in den Bäumen ein fröhliches Lied und aus dem dichten Waldesgestrüpp drangen Geräusche üppigen Lebens.

Auf schattigen Pfaden, die sich durch dichtes Gestrüpp schlängelten, über weite Lichtungen und vorbei an hochgewachsenen Bäumen führte ihr Weg hin zum alten Schloss.

Wie groß wurden aber hier ihre Augen, denn das, was sie vorfand, übertraf noch ihre kühnsten Erwartungen.

Überall, wohin sie schaute, Beeren, Beeren und nochmals Beeren - schöne große, fast wie Taubeneier, wie sie, sie in ihrem ganzen Leben noch nicht gesehen hatte.

Und dann waren sie auch noch alle todreif, also Zeit zum Pflücken.

Unschlüssig stand die Rike eine Zeit lang am Waldrand und konnte sich von dem bunten Bild nicht losreißen. Sie wusste auch nicht, wo sie zuerst anfangen sollte.

Nach etwa fünf Minuten kniete sie sich kurz entschlossen nieder und griff mit der Hand nach der ersten Beere, die ihr so rot und verführerisch entgegenleuchtete.

Und da geschah es!

Fort war die Beere!

Verdutzt blickte Rike auf ihre leere Hand und erschrocken entfuhren ihr die Worte: „Verdammt, was soll das?"

Vorsichtiger geworden griff sie nach der zweiten Beere.

Und wieder das gleiche Spiel, die Beere verschwand, als würde sie sich in ein Nichts auflösen.

„Verdammt, was soll das?", murmelte sie vor sich hin, nur diesmal kamen ihr die Worte nicht erschrocken, sondern schon etwas ungehalten über die Lippen.

Kurz, wo sie auch hin griff, griff sie fehl.

Stattdessen hatte sie nur grüne Blätter oder ein schleimiges Schneckenhaus zwischen den Fingern.

Die Rike von Urnshausen stand da und wusste nicht mehr, was sie denken sollte.

Und wieder kam ein „Verdammt, was soll das?" aus ihrem Mund, nur diesmal schon in einem zornigen Ton.

Da überlief es sie mit einmal eiskalt, denn ihr war der unheimliche Gedanke gekommen, dass dies hier alles nicht mit rechten Dingen zugehen konnte.

Sich umdrehend eilte sie auf den nahen Waldweg zu und verschwand augenblicklich im dichten Gestrüpp des Unterholzes.

Die dünnen Zweige des Buschwerkes schlugen ihr ins Gesicht.

^ Irgendwann fand sie sich vor einem fast undurchdringlichen Dickicht wieder.

Sich durchkämpfend drückte sie die Zweige eines Busches nach dem anderen zur Seite.

Immer wieder beflügelt durch den Gedanken: nur fort, fort von diesem Ort.

So stürzte sie den Berg hinunter.

Als sie daheim ankam und ihren Mann das Erlebte er-
zählte, begann dieser zu lachen und meinte: „Das wundert
mich gar nicht, droben am alten Schloss ist das gar vielen
schon so passiert!"

*

Von der weißen Frau auf dem Krayenberg

Die Botenfrau von Tiefenort erzählte oft von einem herr-
schaftlichen Holzhauer, der vor langer Zeit in ihrer
Nachbarschaft wohnte. Dieser soll ein rechtschaffener und
fleißiger Mann gewesen sein.

So erzählte sie auch von der unheimlichen Begegnung, die
der Holzfäller eines Tages mit der weißen Frau droben auch
dem „Kleinbärk" (Krayenberg) gehabt haben soll.

Es war an einem Morgen.

Lang gezogene durchsichtige Nebelschwaden schwebten
über die sumpfigen Werrawiesen dahin und am Horizont
stieg gerade der helle Streifen des neuen Tages empor, als
sich der Holzfäller auf den Weg machte.

Im heraufdämmernden Morgengrauen erreichte der
Mann droben am Kleinbärk den Ort, wo er mit seinen Kame-
raden einige Bäume fällen wollte.

Von denen war nur weit und breit nichts zu sehen. Sie wa-
ren nicht ganz so früh wie er aufgestanden, sodass der Holz-
fäller jetzt ganz allein am Schlag stand.

In den Zweigen der Bäume regten sich bereits die Wald-
vögel und stimmten noch halb verschlafen ihre Kehlen.

Was tun?

Hier herumsitzen und auf die Kameraden warten?

Nein, das würde er nicht!

So beschloss er vollends hinauf zum alten Schloss zu gehen, um von hier den Aufgang der Sonne zu genießen.

In dem Moment, wo die ersten Strahlen der aufgehenden Sonne über den Horizont blitzten und die Spitzen der grünen Tannen golden färbten, verließ er das Dickicht des Waldes auf dem „Hückel" in unmittelbarere Nähe des alten Schlosses.

Er erblickte dort, wo es zum Keller hinunterging, eine weiße Gestalt. In das gleißende Licht der immer höher steigenden Sonne eingehüllt saß diese regungslos da.

Mutig schritt er auf die einsame Gestalt zu.

Als er erkannte, dass es eine ganz in Weiss gekleidete Frau war, verhielt er seinen Schritt und blieb für einem Moment stehen.

In diesem Augenblick, er wusste zwar nicht warum, war es ihm freilich ein bisschen gruslig.

Da hob die weiße Frau die Hand und schien ihm zuzuwinken.

Was sollte er nur machen?

Die Angst überwinden, sich ein Herz fassend schritt er in Gottes Namen auf das Weib zu.

Kaum hatte er sich der Gestalt auf wenige Meter genähert, wich diese zurück.

Der Holzfäller blieb stehen.

Die Zurückgewichene blieb ebenfalls stehen.

Wieder setzte sich der Holzfäller in Bewegung und was machte die weiße Gestalt, sie wich wieder zurück.

Das Spiel wiederholte sich wieder und wieder, bis sie endlich erneut an den Platz ankamen, wo der die Frau das erste Mal gesehen hatte. Sie waren im Kreis gelaufen.

Aber, oh weh!

Fast hätte er sich hier seinen Hals gebrochen.

Der Boden wich auf einmal unter seinen Füßen weg und ein paar Steine polterten in das entstandene Loch hinein.

Sich zurückwerfend konnte der Holzfäller im letzten Moment eine Wurzel erfassen, die sich hier am Boden entlang schlängelte.

Über den Rand des Loches hängend hielt er sich an dieser krampfhaft fest und es gelang ihm, sich an ihr mühsam nach oben zu ziehen.

Erschöpft blieb er für einen Moment auf der Erde liegen, bevor er sich aufrichtete, um sich nach der weißen Frau umzusehen.

Von der weißen Frau war jedoch weit und breit nichts mehr zu sehen, als wenn sie der Erdboden verschluckt hätte.

Der Holzfäller beschloss, seine Kameraden zu holen, die mussten ihm dabei helfen herauszubekommen, was es mit dem Loch auf sich hatte.

Und so machte er sich auf den Weg.

Am Schlag angekommen, waren seine Kameraden bereits am Holzfällen und sie hatten sich schon gewundert, wo er geblieben war.

Nachdem er ihnen von seinem Erlebnis berichtet hatte, waren diese neugierig geworden.

Sie ließen Arbeit, Arbeit sein und machten sich sofort auf den Weg.

Wieder oben angekommen halfen sie ihm tatkräftig beim Wegräumen vom herabgefallenen Geröll. Mühsam hatten sie bereits ein Stück freigelegt, als sie auf eine hölzerne Kellertür stießen.

Im Schloss der Pforte steckte ein großer rostiger Schlüssel.

„Was machen wir jetzt?", wollte einer der Holzfäller wissen.

Ehe dieser jedoch eine Antwort bekam, schritt ein anderer kurz entschlossen auf die Tür zu und drehte den Schlüssel im Schloss herum.

Kreischend bewegte sich dieser im Schloss.

Die hölzerne Tür schwang langsam quietschend sich in den rostigen Angeln drehend auf.

Modergeruch schlug den Männern entgegen.

„Wollen mal gucken, was es da unten zu sehen gibt", sagte der Holzfäller und stieg allen anderen voran die ausgetretenen Treppenstufen aus Stein hinunter.

Von Dämmerung umflossen, von eisiger Kälte umhaucht ging es hinab ins Ungewisse.

Dann standen sie in einem nicht allzu hohen, von einem seltsamen bläulichen Licht erhellten Gewölbe.

Im ersten Moment schien sich hier, außer von den vorher in den Raum gestürzten Steinen, nichts weiter zu befinden.

Die Männer brauchten einige Zeit, bis sich ihre Augen an die seltsame Helligkeit gewöhnten.

Einer von ihnen, es war der, der bereits kurz entschlossen den Schlüssel im Schloss umgedreht hatte, entdeckte beim Umschauen die alten Fässer. Sie standen in der äußersten Ecke des Kellergewölbes.

Er schritt, ohne zu zögern, auf diese zu.

„Wo willst du hin?", wollte einer seiner Kameraden wissen, der dies bemerkte.

„Zu den alten Fässern dort. Wollen sehen, was darin ist. Vielleicht finden wir hier einen Schatz?"

Bei näherer Betrachtung stellte es sich jedoch heraus, dass sich in den Fässern kein Schatz befand, sie waren bis zum Rand mit Erbsen und Linsen gefüllt.

So sah es jedenfalls aus.

„Was wollen wir mit dem alten Zeug?"

„Ich kann es doch mit nach Hause nehmen für meine Hühner", entgegnete ein anderer.

„Das würd ich nicht tun. Sieh, wie das komisch glitzert. Wer weiß, wenn es deine Tiere fressen, ob sie es überstehen!", mischte sich ein anderer in das Gespräch ein.

Die Männer rückten unverrichteter Dinge ab und der, der die Fässer mitnehmen wollte, hatte auch von seinem Vorhaben abgelassen.

Als die Männer nach getaner Arbeit im Ort ankamen, erzählten sie, was sie oben auf dem „Kleinbärk" in der Nähe des alten Schlosses erlebt hatten.

Für dumm worden sie gescholten, denn in den Fässern das wären keine Erbsen und Linsen gewesen, sondern Gold und Silber.

Also doch ein Schatz!

Viele machten sich Tage, Wochen, Monate und Jahre später auf den Weg hinauf zum alten Schloss, um nach den bewussten Fässern zu suchen.

Und wenn es heute noch immer einer versuchen sollte, wird es ihm so ergehen wie seinen Vorgängern, denn nicht einer hat je ein Fass mehr zu sehen bekommen.

Der Kieselbacher Schneider und die weiße Frau vom Krayenberg

Von dem Schneider in Kieselbach erzählte der alte Valtin aus Dönges nur Gutes.

Dieser sei kein Weichling gewesen, sondern ein richtiger Mann, von denen es heute nur wenige noch gäbe. Auch soll er zu seinem einmal gegebenen Wort gestanden haben. Und dieser soll auch einmal etwas mit einer weißen Frau auf dem „Kleinbärk" (Krayenberg) zu tun gehabt haben.

Das muss sich folgender Maßen zugetragen haben.

Der Schneider, obwohl ein rechtschaffener Mann, hatte nur Pech mit seinen Weibsleuten.

Von zweien war er bereits geschieden worden, auch bei der Dritten nahm das Unglück seinen Lauf. Diese schaute sich nach anderen Männern um, was ihm überhaupt nicht behagte und er deswegen in die obere Stube zog und er seine Frau unten im Haus sitzen ließ.

Gegenüber von der Stube des Schneiders im Vorraum des Hauses schlief eine Frau, die hier zur Miete wohnte.

Diese erzählte an drei Tagen hintereinander jeden Morgen der Hausfrau, dass sie eine weiße Frau ganz verschleiert und mit weißen Handschuhen an den Händen beobachtet habe, wie diese die Treppe heraufgekommen sei. An ihrem Bett vorbeischlich und in der doch jedes Mal verschlossenen Stube des Meisters verschwand. Darauf habe sie jedes Mal den Schneider wimmern hören. Nach einer Weile darauf sei dann die weiße Frau eben so still wieder die Treppe hinuntergeschlichen.

Und das sei so gewesen!

Die weiße Frau war keine andere als die vom alten Schloss auf dem Krayenberg. Bei ihren nächtlichen Besuchen erzählte sie dem Schneider, dass sie schon über 400 Jahre droben verwünscht sei und in ihm endlich den rechten Mann gefunden habe, der sie erlösen könnte.

„Und wenn du dies nicht tust, dann muss ich noch mal 400 Jahre da oben hocken", sagte sie mit betrübter Stimme.

Der Schneider schaute die weiße Frau jedes Mal ungläubig an. Er glaubte ihr kein Wort.

„Wenn du mich getrosten Mutes von meiner Verwünschung erlöst, wird es dein Schaden nicht sein und ich befreie dich von deiner dritten Frau", versprach sie letztendlich.

„Was soll ich denn tun?", ließ er sich schließlich auf das flehentliche Bitten der Frau ein.

„Du musst in der nächsten Nacht zum alten Schloss hinaufgehen, dort werde ich auf dich warten und dir in dem alten Keller alles Weitere mitteilen."

Obwohl der Schneider das Angebot der weißen Frau gern angenommen hätte, war ihm dabei nicht wohl zumute.

Den ganzen Tag schwankte er hin und her. Er konnte sich nicht entschließen, auf das Angebot der weißen Frau einzugehen.

So kam der Abend endlich heran.

Erst als die Sonne bereits hinter den bewaldeten Höhen des Thüringer Waldes verschwunden war und die Schatten der Nacht in den Tälern länger und länger wurden, entschloss er sich auf den Berg zu gehen.

Ohne dem einen oder anderen etwas davon zu sagen, machte er sich mutterseelenallein auf den Weg.

Der Mond verbreitete sein diffuses gespenstisches Licht.

Wie riesige Gespenster sahen in der Dunkelheit die kleinen und großen Bäume des dichten Waldes aus. Mit ihren dürren Ästen schienen sie nach den Vorbeikommenden greifen zu wollen.

Bergauf führte der Weg.

Mal ging es langsamer, mal ging es schneller, über breite Waldwege und schmale Pfade, wo sperrige Zweige den Schneider streiften.

Hoch oben am nächtlichen Himmel zogen Wolkenfetzen dahin, die hin und wieder die blinkenden Sterne und die gelbe Scheibe des Mondes verschwinden ließen.

Endlos schien sich die Zeit hinzuziehen, ehe der Schneider endlich vor dem bewussten Keller stand.

Am Eingang eingehüllt von einem hell leuchtenden Schein stand bereits wartend die weiße Frau mit einem bildschönen Kind an der Hand.

„Sei mir willkommen, lieber Mann, und tritt unbesorgt ein. Dir wird kein Leid geschehen", redete die Frau ihm mit einschmeichelnder Stimme zu.

Einen Moment zögerte der Schneider noch, dann tat er, wie ihm geheißen.

Vorbei ging es an der schief in den Angeln hängenden hölzernen Tür die ausgetretenen steinigen Stufen hinab.

Der Keller, ein leerer düsterer Raum.

Überall auf dem Boden von der Decke gefallene Steine.

Mitten im Raum blieb die Frau stehen, zeigte mit dem Finger auf die einzige freie Stelle des Fußbodens und begann eindringlich zu sprechen: „Komme am neunten Tag von heute wieder hierher."

„Und was ist dann?"

„Unterbrich mich nicht", kann es unwirsch über die Lippen der Frau. „Höre lieber gut zu. Bring aber eine Hacke mit und tue hier drei Schläge auf diesen Platz. Ich werde dir dann sofort erscheinen. Du darfst aber nicht entsetzt sein."

„Warum soll ich denn überhaupt entsetzt sein? Ihr seid doch gar hübsch anzuschauen."

„Ich komme in einer anderen Gestalt als heute und werde wütend sein. Aber fürchtet euch nicht. Es wird euch kein Leid geschehen. Du wirst vielmehr hier einen reichen Schatz finden, mit dessen Hilfe du auch deine dritte Frau loswerden kannst."

„Und das ist alles?"

„Noch eins verlange ich von dir, du darfst zu niemanden etwas sagen. Den Mund gegenüber jedermann musst du halten."

Kaum hatte die weiße Frau diese Worte ausgesprochen, war sie mit dem Kind verschwunden.

Allein stand der Schneider in dem gruseligen Keller und schaute sich nach den beiden vergeblich um. Ein Gefühl, und das war kein Gutes, begann ihn zu beschleichen. Aus allen Ecken schien das Grauen auf ihn zu zukriechen.

Mit den Worten „Was solls!" auf den Lippen machte er sich eiligst auf den Heimweg.

An Schlaf war aber nicht mehr zu denken. Die Geschichte lag im auch die nächsten acht Tage lang schwer auf dem Magen und er konnte auch in den Nächten nicht den rechten Schlaf finden.

Immer und immer wieder musste er an das denken, was ihm die weiße Frau gesagt hatte.

Er überlegte ständig hin und her, ob er sich einer anderen Person anvertrauen könne. Aber der eindringliche Rat der weißen Frau, ja den Mund zu halten, spukte ihm immerfort im Kopf herum.

Aber am neunten Tag hielt er es nicht mehr aus und er erzählte seinen Schwager und etwas später auch einem Vetter von seiner Begegnung mit der weißen Frau.

Diese erboten sich sofort mit ihm zu gehen.

Als sie aber dann alle drei den Keller betraten, brach ein grauenhafter Lärm los.

Gejaule und Winseln hing in der Luft.

Draußen schien ein furchtbares Gewitter über dem Krayenberg zu toben. Blitze schlugen krachend in die nahen Bäume ein, dem lauter rollender Donner folgte.

Und dann schien es als würde über ihnen das ganze Gewölbe zusammenbrechen.

Vor Schrecken starr standen die Männer wie festgewurzelt auf der Stelle, nur einer nicht. Es war der Schneider, der der Länge nach auf den von der weißen Frau bezeichneten Fleck stürzte, als würde ihn ein starker Magnet anziehen.

Bei dem Sturz riss er sich aus seinen dunkelblauen Strümpfen ein handgroßes Stück heraus.

Die Rippen geprellt, die Arme verstaucht, lag der Schneider jammernd am Boden - mehr tot als lebendig.

Den beiden anderen blieb nichts anderes übrig als den Geschundenen nach Hause zu tragen.

Trotz der schlechten Erfahrung, die der Schneider mit der weißen Frau erlebt hatte, ließ es ihm keine Ruhe, er musste herausbekommen, was es mit dem bewussten Fleck im Keller auf sich habe.

Guter Rat war teuer.

So kam er auf die Idee, sich einen Jesuiten aus dem Fuldischen zu holen.

Gesagt, getan!

Er begab sich mit dem Jesuiten und in Begleitung der beiden anderen erneut hinauf auf den Krayenberg und sie betraten forsch den Keller bei dem alten Schloss.

Dort beschrieb der Pfaffe um die besagte Stelle einen Kreis, ließ die Drei zu sich hineintreten und begann aus einem alten Buch zu lesen.

Da ging mit einmal der Spektakel wieder los.

Ein gewaltiger Sturm brauste durch das Kellergewölbe.

Dann erschien die weiße Frau. Nur wie sah diese diesmal aus, nichts hatte sie mehr von einem weiblichen Wesen an sich. Aussehend wie ein graues, schrecklich wütendes Tier, mit dem Kopf und den kurzen, schwarzen Hörnern eines jungen Stieres tobte sie wie eine Wahnsinnige durch den unterirdischen Raum, lief wie toll um den Kreis herum, in dem die vier Männer standen.

Da der Schneider am Rande des Kreises stand, rieb sich das Ungeheuer an seinem Körper, wie sich ein Stück Vieh an einem Baum seine Schwarte wetzt.

Allen wurde angst und bange.

Zuletzt verlor der Schneider auch noch die Besinnung und er stürzte zu Boden. Als er wieder zu sich kam, wusste er für einen Moment nicht, wo er sich befand. Dann schaute er sich vorsichtig nach dem grässlichen Ungeheuer um. Es war nirgends mehr zu sehen, aber auch von denen mit denen er hierhergekommen war, keine Spur.

Eilends verließ er den fürchterlichen Ort.

Als er hinaus ans Tageslicht trat, drang fürchterliches Wimmern und Jammern an sein Ohr. Es kam von den sich windenden und krümmenden Gestalten, die am Waldrand auf dem Boden lagen.

Keiner von ihnen konnte später sagen, wie er dahin gekommen war. Alle waren aber froh, dass sie noch ganzbeinig davon gekommen waren.

Der Jesuit machte sich aus dem Staube und die anderen haben nie wieder von der Sache gesprochen.

Seit jener Zeit war es mit der Gemütsruhe des Schneiders vorbei.

*

Die Verwunschenen auf dem Krayenberg

Ein junges Mädchen aus Kieselbach musste eines Tages einige Besorgungen in Tiefenort erledigen. Bevor sie sich jedoch auf den Weg begab, denn sie hatte die Befürchtung, dass es Nacht werden würde, bis sie wieder zurückkam, bat sie ihren Schatz: „Kommst du mir bitte bis an den Wald entgegen?"

„Keine Frage, mein Liebling, das mache ich doch!"

In den frühen Nachmittagsstunden machte sich dann die Maid auf den Weg, der durch den Wald am Fuße des Krayenberges nach Tiefenort führte.

Und es wurde wirklich Nacht, bis das Öl fertig war, was das Fräulein abholen wollte.

Da die Dunkelheit nun hereingebrochen war, baten die Leute das Mädchen doch zu bleiben und erst am nächsten Tag in aller Früh den Heimweg anzutreten.

„Es ist zu gefährlich in der Finsternis durch das Waldesdickicht des Krayenberges zu gehen", meinte der eine.

„Überall gibt es zwielichtige Elemente, die es nur auf dein Hab und Gut abgesehen haben", gab ein anderer seine Meinung kund.

Aber das Mädchen wollte davon nichts wissen, denn sie hatte ihren Schatz gebeten, ihr bis zum Wald entgegenzukommen.

Also verstaute das Mädchen das Öl in den Tragekorb und machte sich mit diesem auf den Rücken auf den Heimweg.

Im hellen Mondlicht zeichnete sich deutlich der Pfad ab, der sich durch die Wiesen zum Waldrand des Krayenberges hin schlängelte.

Zügigen Schrittes erreichte das Mädchen die dicht an dicht stehenden Bäume und tauchte im Dunkel des Waldes unter.

Durch das dichte Blätterdach über ihr blinkten hin und wieder wie helle glitzernde Punkte die zahlreichen Sterne am nächtlichen Himmel und dort, wo der Waldweg über eine Lichtung führte, verbreitete der Mond sein gespenstisches diffuses Licht.

Eine Weile musste das Mädchen bereits gelaufen sein, da tauchte vor ihr in einiger Entfernung ein Licht auf, das sich hin und her bewegte.

Das Mädchen war der Meinung, das konnte nur ihr Liebster mit einer Laterne in der Hand sein. Er wollte ihr ja, wie versprochen, entgegenkommen.

So rief sie laut: „Hallo, Liebster! Bist du es?"

Aber sie erhielt keine Antwort.

„Hallo, Liebster! Bist du es?"

Und wieder keine Antwort. Diesmal blieb das Licht aber wenigstens auf einer Stelle stehen.

Das Mädchen legte jetzt einen Schritt zu, um das Licht zu erreichen.

In ihrem Eifer hatte sie nicht bemerkt, dass sie nicht den Weg nach Kieselbach eingeschlagen hatte, der nach rechts abbog, sondern den Weg auf den Krayenberg hinauf.

Ganz außer Atem blieb das Mädchen stehen und zankte lauthals mit ihrem Schatz, dass er sie so foppe.

Die Laterne war auch stehen geblieben.

Na endlich, dachte sie, aber als sich das Mädchen wieder in Bewegung setzte, setzte sich auch das Licht in Bewegung.

Und so ging es in einem fort.

So kam sie, ohne nur eine Ahnung zu haben, nach und nach auf der Höhe des Krayenberges an und vor ihr lagen plötzlich die schattenhaften Umrisse des alten Gemäuers, des zerfallenen Schlosses.

In dem Moment, wo sie den Waldrand erreichte und diesen verließ, verschwanden mit einem Schlag die blinkenden Sterne und die goldgelbe Scheibe des Mondes hoch am Himmel.

Stockfinster wurde es, man konnte kaum noch die eigene Hand vor den Augen sehen.

Dann, wie aus dem Nichts heraus, ein helles Licht, das zwischen dem alten Gemäuer verschwand.

In diesem Augenblick wurde es mit einem Schlag taghell und um sie herum saß ein Kreis riesengroßer, langbärtiger Männer.

Vor Schrecken bleich, am ganzen Leibe zitternd stand das Mädchen wie zu einer Säule erstarrt da.

Erst als sich einer der bärtigen Männer erhob und mit energischem Ton in der Stimme zu ihr sagte: „Mädchen, hock die *Kütze* ab", konnte sie sich wieder bewegen.

Immer noch zitternd vor Angst am ganzen Leib, tat sie es. Sich an die Männer wendend, wollte sie dann von denen wissen, was das alles zu bedeuten habe, doch dazu kam sie nicht mehr.

Der langbärtige Mann, der sie aufgefordert hatte, die *Kütze* abzusetzen, packte das Mädchen kurzerhand.

Schreiend und zappelnd wehrte sich die Maid dagegen. Schlug mit Fäusten gegen die Brust des Mannes.

Doch vergebens.

Dieser umarmte sie und ohne, dass sie etwas dagegen tun konnte, küsste er sie. Und wenn dies noch nicht genug gewesen wäre, warf er sie seinem Nachbarn auf den Schoß, der küsste sie auch wie der Erste.

So flog sie rüber und hinüber von einem Schoß auf den anderen. Das ging so rasch, dass das Mädchen kaum wusste, wie ihr geschah.

Endlich kam sie wieder zu sich und schrie jämmerlich: „Hilfe! ... Hilfe! ... Hört mich denn keiner?"

Tatsächlich, ihr flehentliches Rufen wurde gehört.

Es war ihr Liebster, der sie verfehlt und im Kraynberger Walde bisher vergeblich nach ihr gesucht hatte. Dem Ruf folgend stürmte er zum alten Schloss hinauf, ohne auf das dichte Gesträuch oder die Wurzeln, über die er stolperte, zu achten.

Endlich fand er sein Mädchen.

Aber in welchem Zustand befand sich dieses?

Ihre Glieder nicht mehr mächtig, keinen Laut über die Lippen bringend lag es zwischen dem alten Gemäuer des Schlosses.

Die bärtigen Männer waren verschwunden. Sie hatten eine reine Jungfrau geküsst und waren nun erlöst.

Das Mädchen starb aber drei Tage nach dem fürchterlichen Erleben.

＊

Von der Geisterhand auf dem Krayenberg

Eine Sage berichtet davon, dass bei der Erbauung der Burg ein lebendiges Kind in einer steinernen Wiege eingemauert wurden sei, um nach damaligem Aberglauben jene Burg unüberwindlich zu machen.

Genau an der Stelle des Burggemäuers, wo in der späteren Zeit die Wiege gefunden wurde, hat mancher aus der Umgebung, sobald er sich der Burg näherte, nicht nur das Wimmern des eingemauerten Kindes gehört, sondern er fand auch ein Häuflein brennender Kohlen vor.

Nur hatte es mit diesen brennenden Kohlen seine besondere Bewandtnis.

Rot glühend lag der Kohlenhaufen da und strahlte eine unheimliche Wärme aus. Blaugelbe Flämmchen züngelten in unregelmäßigen Abständen in die Höhe. Über dem brennenden Haufen schwebte eine durchsichtige Hand, eine Geisterhand wie schützend ausgestreckt.

So geschah es, dass eines Tages einer aus Kieselbach auf seinem Weg durch den dichten Wald das Burggemäuer der Krayenburg erreichte.

Leise rauschend fuhr der Wind durch die Wipfel der Bäume. Bunte Schmetterlinge tanzten in der sich, durch die Strahlen der Sonne erwärmten Luft. Der Kuckuck ließ seinen lauten Ruf erschallen.

Ein idyllisches Bild.

Da geschah es!

Aus dem Nichts heraus lag plötzlich am Fuße der Mauer, vor dem Wandersmann, der glühende Kohlenhaufen mit der darüber schwebenden Geisterhand.

Mehr erschrocken als verdutzt blieb er stehen, betrachtete die seltsame Erscheinung von allen Seiten, bis er sich dann laut äußerte: „Nun, was soll denn das sein?"

Kaum waren ihm aber diese Worte über die Lippen gekommen, da hagelte es von rechts und links derbe Ohrfeigen.

Diese waren so kräftig, dass er bewusstlos zu Boden stürzte.

Reglos lag er im dichten Gras.

Erst die vorwitzigen Sonnenstrahlen, die ihm in der Nase kitzelten, ließen ihn wieder zu sich kommen.

Hand und Kohle waren jedoch verschwunden.

Als die Erinnerung an das soeben Erlebte zurückkam, lief es dem Kieselbacher eiskalt über den Rücken.

Mit bleichem Antlitz suchte er mit eiligen Schritten das Weite.

Fort, nur fort von diesem unheimlichen Ort.

Das „Minnichsloch" an Krayenberg

Versteckt im Waldesdickicht, umgeben von zahlreichen Tannen, dessen weit herabhängende Zweige sich in der Wasseroberfläche spiegelten, liegt versteckt in einer Vertiefung im Walde am Krayenberg, dicht am Wege von Kieselbach nach Tiefenort das *„Minnichsloch"* oder auch Mönchsloch genannt.

Vor langer Zeit mag dies ein ehemaliger Steinbruch gewesen sein. Recht seltsam und ungeheuerlich soll es an diesem Ort zu gehen.

Für jedermann ist es da besser, dass er einen großen Bogen um diesem unheimlichen Ort macht und ihn besonders nachts meidet.

Sollte es einen einmal des Nachts an diesen Ort verschlagen, könnte es möglich sein, dass er sein blaues Wunder erlebt.

Wie die Alten erzählen, ob aus Kieselbach oder Tiefenort, soll hier mit dem Hereinbrechen der Dunkelheit ein Mönch sein Unwesen treiben.

Der Gottesmann habe es nicht so genau mit seiner kirchlichen Pflicht genommen.

Unzüchtig und gottvergessen widmete er sich nicht nur dem Genuss des Weines, sondern auch dem Genuss der Weiber.

Sogar den Teufel verspottete er.

Selbst dem Höllenfürsten war dies eines Tages zu viel und er erschien im roten Beinkleid, das bis zu seinem Klumpfuß hinabreichte, mit langem Überrock und mit schwarzem Barrett, dass die kleinen Hörner auf seinem Kopf verdeckte.

Erschrocken wich der Mönch zurück.

Eisiger Schrecken fuhr ihm durch die Glieder, und als ihm der Geruch des Schwefels in der Nase hochstieg, wollte er sich mit Grausen abwenden.

Aber es war bereits zu spät.

Rot glühend funkelten die Augen in dem zornig blickenden Gesicht des Teufels, als dieser den Mönch am Schlafittchen packt, in die Höhe riss und kurzerhand das Genick brach.

Der leblose Körper des Mönches klatschte auf die Wasseroberfläche und verschwand glucksend in der Tiefe.

Seitdem soll er nun dort spuken.

Näherte sich zur nächtlichen Stunde dem Wasserloch ein einsamer Wandersmann, konnte er gewiss sein, dass der Mönch im nahen Gebüsch versteckt bereits auf ihn wartete. Einen Schrei ausstoßend sprang er auf den Rücken des Ahnungslosen, schlug mit seinen Fäusten unbarmherzig auf den Überraschten ein.

Die meisten Leute blieben für einen Moment totenbleich, an allen Gliedern zitternd stehen.

Wild klopfte ihnen das Herz bis zum Halse.

Dann versuchten sie, den Plagegeist loszuwerden.

Vergebliches Bemühen!

Ihnen blieb nichts anderes übrig, als die Flucht nach vorn anzutreten.

Von Schritt zu Schritt wurde die Last auf den Schultern schwerer und schwerer.

Die Knie begannen zu zittern.

Rote Kreise drehten sich vor ihren Augen.

Und dann noch den tobenden Mönch auf der Schulter!

Als die Geschlagenen mit letzter Kraft die Höhe des Krayenberges erreichten, sprang der Mönch von der Schulter herunter und verschwand in der Dunkelheit der Nacht.

Wenn ihr all das nicht glauben solltet, könnt ihr selber mal des Nachts zum Mönchsloch gehen.

Ihr werdet es schon sehen!

Vom weißen Hirsch am Krayenberg

Von einem Greis aus Langenfeld erzählt man sich, dass er in Kieselbach in seiner Jugend viele und absonderliche Geschichten vom *„Kleinberg"* (Krayenberg) und dem alten Schloss erfahren habe.

So soll es auch einmal um einen Hirsch gegangen sein. Nur war dies kein normaler Hirsch, sondern ein schneeweißer Hirsch, mit seltsam glitzerndem Geweih, der sich an gewissen Tagen dort droben zeigte.

Viele wollen ihn gesehen haben.

So auch ein Jäger.

An einem Nachmittag saß der Jägersmann in einer illustren Runde in der Kneipe des Ortes. Bei einem Glas Bier ging das Gespräch wieder einmal um den weißen Hirsch.

In Verlaufe der Unterhaltung schwor der Jäger: „Kommt mir der Hirsch schussgerecht vor die Flinte, so will ich Hans heißen, wenn ich ihm nicht eins aufs Blatt brenne!"

Die Bauern, die mit am Tisch saßen, schüttelten bedenklich die Köpfe und einer von ihnen gab ihm den guten Rat: „Lass es lieber sein! Es ist ein weißer Hirsch ..., wer weiß, was da geschehen kann ...".

Aber den Jäger interessierten die Bedenken der anderen überhaupt nicht. Er ging in seine Überheblichkeit noch am selbigen Abend hinauf auf den Hochstand.

Die Zeit verstrich.

Nichts, von einem weißen Hirsch war weit und breit zu sehen.

Gerade als er vom Hochstand herunter steigen wollte, hörte er zu seiner Linken ein Rascheln. Vorsichtig richtete er sich auf, spannte lautlos die Flinte und legte den Lauf vorsichtig auf die Holzbrüstung.

Drüben, im Dickicht unter den Tannen, raschelte es erneut leise.

Ein Lächeln umspielte die Mundwinkel des Jägers, seine Augen schlossen sich bis zu einen Spalt und er flüsterte leise vor sich hin: „Soll mir das Jagdglück heute doch noch hold sein?"

Lange blieb es dann still.

Vor ihm im bleichen Mondlicht die mit Rasen bewachsene Lichtung. Wie schwarze Flecken ragten hier und da große Felsbrocken aus dem dichten Gras heraus - nur von dem weißen Hirsch keine Spur.

Die Stille der Nacht wurde durch erneutes Brechen und Knacken im Unterholz gestört, aber diesmal lauter und näher.

Dem Jäger schlug das Herz bis zum Hals, die Flinte zitterte in seinen Händen. Er schloss die Augen ganz und atmete tief und langsam. Als er die Augen wieder öffnete, glaubte er seinen Augen nicht zu trauen.

Da stand er, der weiße Hirsch - ein stattlicher Bock - ein Zwölfender. Das riesige verästelte Geweih glitzerte und blinkte im bleichen Mondlicht wie reines Silber.

Vom Jagdfieber gepackt, zog der Jäger ganz langsam die Flinte an die Wange und krümmte den Finger zum Schuß.

„Peng!", hallte es durch den stillen Wald.

In diesem Augenblick traf den Waldhüter ein fürchterlicher Schlag an der rechten Schulter und er taumelte mit einem entsetzlichen Schrei auf den Lippen zurück.

Fast wäre er noch vom Hochstand heruntergestürzt.

Dies wäre das kleinere Übel gewesen, denn entsetzt schaute er dorthin, wo seine rechte Hand einmal gewesen war. Nur noch ein blutender Armstumpf, aus dem der rote Lebenssaft nur so herausspritzte.

Der Schuss hatte sich wie auch immer, nach hinten entladen und dem Jäger die rechte Hand weggerissen.

Den weißen Hirsch hat seitdem niemand wieder gesehen.

*

Die Geschworenen - Eiche

So wird ein Platz im Walde in der Nähe des Dörfchens Witzelroda bei Vacha genannt. Die Eiche, von der dort noch erzählt wird, soll so stark und mächtig gewesen sein, wie keine weit und breit. Das diese aber schon längst verschwunden ist, hat seinen besonderen Grund.

Die Bewohner der Umgebung lebten in grauer Vorzeit einzeln, verstreut in der Weite des Werratals, schlossen sich aber im Laufe der Zeit und zu gewissen Anlässen zu Stämmen und Gemeinschaften zusammen.

Aus den herumstreifenden Horden wurden Jäger und Sammler, die sich zu Ackerbauern und Viehzüchtern entwickelten.

Ein jeder baute sich sein eigenes Haus oder seine Hütte. Den Wald um ihre Hütten rodeten sie höchstens so weit, wie es nötig war, um etwas Gerste oder Hafer anbauen zu können. Die eingebrachte Ernte und die Früchte der Natur vergruben sie während des Winters in Höhlen.

Sie jagten die scheuen Rehe, erlegten die grunzenden Wildsauen und griffen selbst den starken Bären an, der sich in den tiefen Waldungen herumtrieb.

Tiefen Einfluss hatte das Waldleben auf ihren Glauben und die Gottesverehrung. Der Wald war für sie nun einmal die Behausung der Götter. Diese wohnten dort und verbargen ihr Bild in den rauschenden Blättern, die an den Zweigen der Bäume hingen.

In ihrem Glauben befragten unsere Vorfahren ihre weisen Frauen, die Götter, die weiß gekleidet und barfuß gingen und aus dem Wirbel des Wassers oder dem Blute der Gefangenen weissagten.

Auf Opfersteinen wurden Menschen und Tiere geschlachtet oder aufgehängt. Aber auch Volksversammlungen und Gerichte wurden hier abgehalten.

So will auch ein Korbmacher aus Lengers von alten Leuten gehört haben, dass die mächtige Eiche, von der hier die Rede ist, in grauer Vorzeit von den dort wohnenden Heiden angebetet worden sei.

Diese Eiche war jedoch einem Menschen ein Dorn im Auge, und zwar dem *„Apostel der Deutschen"*, wie Bonifatius genannt wurde.

In der Mitte des 7. Jahrhunderts war England christlich geworden. Kaum waren die heimatlichen Verhältnisse geregelt, so machten sich englische Sendboten zu den Friesen, Franken, Alemannen, Bayern und Sachsen auf.

Die fränkische Kirche war zu selbstständig und weltlich, hatte auch das Bekehrungsgeschäft zu lässig betrieben.

Das Christentum war noch stark mit heidnischen Gebräuchen vermischt.

Die iroschottischen Mönche lehrten ketzerische Ansichten.

Der Papst aber strebte eine zielbewusste, einheitliche und gründliche Bekehrung aller Deutsche an. Dazu bot sich die englische Geistlichkeit als geeignetes Werkzeug.

Der irische Priester und Mönch Winfried verließ seine Heimat, wurde in Rom vom Papst Gregor II. zum Missionar unter den Heiden bestellt und erhielt den Namen des römischen Heiligen Bonifatius.

Winfried - Bonifatius trat 716 bis zu seinem Märtyrertot im Jahre 755 bei den Friesen, Franken, Hessen, Thüringer, Sachsen, Bayern eifrig und wiederholt auf.

Er brachte die Christianisierung des Fränkischen Reiches zum Abschluss auf der Grundlage des Glaubens der römisch-katholischen Kirche.

Die apostolische Vollmacht des Papstes zur Mission bezog sich ganz allgemein auf die *„Völker Germaniens"*, und so blieb es Bonifatius überlassen, sich seine Missionsfelder selbst auszuwählen. Er widmete sich ein ganzes Jahrzehnt, von 725 bis 735, der missionarischen Arbeit in Thüringen, wo freilich nicht nur echte Heiden zu bekehren, sondern auch *„verirrte Schafe"* auf den Weg des rechten Glaubens zurückzuführen waren.

Auf seiner Missionsreise mit seinem Schüler Wigbert, begleitet von Kriegern, Handwerkern und größerem Gefolge, ging es darum, die Götzenaltäre zu zerstören und Niederlassungen und Klöster zu gründen.

So ist wohl Bonifatius oder einer seiner Schüler mit der *„Geschworenen-Eiche"*, einem Götzenort, genauso umgegangen.

Er zerstörte den Baum, den die heidnischen Bewohner der Gegend als ihren Götzen anbeteten. Zitternd sahen die erschrockenen Heiden zu, und jeden Augenblick schauten sie auf, ob nicht ein Blitz durch die Luft zuckte, den Frevler zu zerschmettern.

Nichts geschah, kein Götze nahm sich des Altars an.

Durch diese Tat stieg der Glaube an die Lehren Bonifatius, die Götzen verloren ihr Ansehen, und viele Heiden ließen sich taufen.

Es gab aber immer noch Heiden, die an dem alten Glauben zu ihren Göttern festhielten. So sind viele der dortigen Bewohner immer wieder heimlich zu dem Platz geschlichen und haben dort ihre Götter angebetet.

Auch eine neue Eiche soll wieder an jener Stelle gepflanzt worden sein.

Allein auch diese sei später wieder gefällt worden.

Trotz des großen Ansehens des Mannes Bonifatius würde es ihm wohl kaum gelungen sein, in solch kurzer Zeit so reiche Früchte in der Christianisierung zu erreichen, wenn ihn nicht fränkische Truppen begleitet hätten. Diese schützten ihn vor dem Groll der Bewohner, wenn er deren heidnische Heiligtümer zerstörte und an deren Stelle kirchliche Bauten errichtete.

Warum aber gerade hier, an dem ehemaligen Platz der „Geschworenen-Eiche", immer nachts lange Zeit unheimliche Gestalten auftauchten, weiß keiner mehr heute zu sagen.

So erschien immer zu Johannis und Weihnachten ein Reiter im weißen Mantel, trotz fehlenden Kopfes thronte auf seinen Körper ein Schlapphut.

Die Erscheinung der unheimlichen Gestalt war immer verbunden mit schauerlichen Tönen, fürchterlichen Geheule und jämmerlichen Wimmern - und dann immer wieder Worte, leise, laut, die sich anhörten wie Kommandoworte, begleitet von dem Wiehern des weißen Rosses.

Wenn ihr das nicht glaubt, könnt ihr ja mal zu der „Ge-schworenen - Eiche" gehen.

Halt, ich habe ganz vergessen, dass es diese nicht mehr gibt.

So ein Pech!

*

Vom Siechenhund bei Vacha

Jenseits der Brücke bei Vacha lag an der Sachsenheimer Straße, die durch die Gemarkung Oberzella führte, einst ein Gasthof, direkt am Fuße des Siechenberges.

Hier unter dem Garten des Wirtshauses sprudelt lustig plätschernd der Siechenborn aus der Erde hervor.

Genau hier am Siechenberg, und zwar am Nordende der kleinen Brücke soll sich auch das Siechenhaus, genannt Hospital des Klosters Kreuzberg (Philippsthal) befunden haben, in welchen im Mittelalter viele Pestkranke ihre letzten Tage verbrachten.

Buchstäblich in dieser Gegend soll sich auch das Lager des Siechenhundes befunden haben.

Ein unheimliches Tier, größer als ein Kalb. Aus seinen feurigen Augen, fast an Wagenräder erinnernde Telleraugen, sprühten glühende Funken.

Immer des Nachts lag er in einem Hinterhalt. Näherte sich zu nächtlicher Stunde nun eine Person der bewussten Stelle, konnte er sicher sein, dass der Siechenhund im nahen Gestrüpp versteckt liegend auf ihn lauerte.

Der Siechenhund hatte es nicht eilig.

Er wartete jedes Mal, bis sein Opfer nahe genug heran war. Dann sprang er mit gefletschten Zähnen und lautem schaurigen Knurren aus dem Gebüsch genau auf den Rücken des Vorübergehenden.

Dieser konnte gerade noch einen Schrei ausstoßen, da hatte der Siechenhund den am ganzen Körper zitternden Ahnungslosen auch schon die Pfoten auf die Schultern gelegt.

Vergeblich waren die Versuche des Überraschten, das unheimliche Tier abzuschütteln. Es hing auf dem Rücken fest wie eine Klette.

Dem Geplagten blieb jetzt nur noch, auf schnellstem Weg das andere Ende der vor ihm liegenden Brücke zu erreichen.

Dieser Weg sollte allerdings kein Leichter werden.

Mit jedem Schritt nahm das Gewicht des Siechenhundes zu.

Auf dem Rücken herumtobend, laut kläffend versetzte er die Menschen in Angst und Bangen.

Kaum noch die Zentnerlast des Hundes tragen zu können, ging es schnurstracks über die Brücke und die Geschundenen erreichten mit vor Anstrengung zitternden Knien gerade noch die Straße nach Vacha.

Rote Kreise drehten sich vor ihren Augen und der kalte Angstschweiß stand ihnen auf der Stirn.

Mit dem Erreichen des Brückenendes verschwand der Siechenhund, als wäre nichts gewesen.

Mit einem letzten Jaulen sprang er von der Schulter des Gequälten und entschwand in der Dunkelheit der Nacht.

Zurück ließ er einen Bestürzten und in Schrecken versetzten Träger.

Der Erschöpfte, kurz vor dem Zusammenbrechen, verweilte noch eine geraume Zeit am Ende der Brücke, um sich von dem soeben Erlebten zu erholen, denn nur langsam verschwanden die roten Kreise vor seinen Augen.

Weit und breit war von dem Siechenhund nichts mehr zu sehen.

Am Ende seiner Kräfte, immer noch von Grausen erfüllt, machte sich der bis in tiefster Seele Erschrockene auf den Heimweg und so manch einer von ihnen hatte einen so fürchterlichen Schrecken davongetragen, dass er den Tod mit heim trug.

*

Von der Brücke zu Vacha

Hochwasser war für alle Bewohner der Werraufer ein Schreckensruf. Nicht nur die Wiesen, Straßen, Keller, Wohnungen und Ställe wurden unter Wasser gesetzt, die Überflutung bedeutete auch Gefahr für Leib und Leben der Menschen und Tiere.

So riss ein gewaltiges Werra-Hochwasser, das sogenannte Magdalenen-Hochwasser, im Juli des Jahres 1342 die lange hölzerne Brücke bei Vacha, welche dort die dreiarmige Werra überquerte, mit sich fort.

Im gleichen Jahr wurde mit dem Bau der heutigen steinernen Brücke begonnen. Von dem einst aus 17 Bögen bestehenden steinernen Bau sind heute noch elf Bögen im Vorlandebereich und drei Bögen über die Werra vorhanden.

Man erzählt sich nun, dass während des Baus der 225 Meter langen Brücke, sooft der Meister einen mittleren Bogen fertig hatte, dieser jedes Mal wieder einstürzte.

Alle waren ratlos und in großer Bestürzung.

Als der mittlere Bogen gerade wieder einmal einstürzte, kam ein Mönch vorbei, der unterwegs war nach Wölferbütt zum Kloster Mariengart.

Dieser verfolgte vom Ufer aus das Schauspiel, das sich ihm bot, mit Bestürzen und beschloss, den Bauleiter zu helfen.

Gesagt, getan!

Der Mönch tat dies aber nicht nur aus reiner Menschenliebe. Er stellte die Bedingung, dass ihm vom Stadtrat vor dem Obertor so viel Grund und Boden überlassen würde, dass er dort ein Kloster bauen könne.

Nach langen Hin und Her willigte der Stadtrat ein.

1368 erteilte Abt Heinrich von Fulda die Erlaubnis zur Verlegung des in Mariengart ansässigen Serviten-Ordens vor das Obertor in Vacha. Das Kloster beendete jedoch nach dem Bauernaufstand 1527 seine Daseinsberechtigung.

Um 1550 wurden die meisten Klosterbauten abgebrochen und an ihrer Stelle entstand der städtische Friedhof. In der Gottesackerkirche sind die einzigen Reste der Klosterbauten erhalten geblieben.

Tatsache jedoch war, dass seitdem keiner der Bögen der steinernen Brücke mehr einstürzte und diese den Fluten der Werra erfolgreich trotzten, selbst der riesigen Überschwemmung von 1461.

Es gibt aber noch eine andere Geschichte, die man erzählt, um die steinerne Brücke unzerstörbar zu machen.

So wie man in die Mauern der Burgen kleine Kinder einmauerte, wollte man dies auch mit der Werrabrücke tun. Ein kopfähnlicher Stein an der Ostseite der Brücke zwischen den vierten und fünften Bogen soll angeblich darauf verweisen, dass beim Bau der Brücke hier ein lebendiges Kind eingemauert worden sei.

Werra Brücke bei Vacha

Während das Kind eingemauert wurde, saß es, an einer Semmel kauend, ruhig da und bat den Baumeister ihm, doch ein kleines Gucklöchlein zu lassen.

Der herzlosen Mutter aber rief es zu: „Mütterchen, jetzt sehe ich dich noch!“

Betretenes Schweigen!

„Mütterchen, nun sehe ich dich noch ein klein wenig!“

Manch einen der Umstehendem traten die Tränen in die Augen.

„Ach, Mütterchen, jetzt sehe ich dich gar nicht mehr!“

Dann trat Stille ein.

Der weitere Bau ging daraufhin ohne Schwierigkeiten vonstatten und noch heute steht die steinerne Brücke bei

231

Vacha da, wo sie die ausgedehnte Talaue, die sumpfigen Wiesen und Wasserlachen an dieser Stelle überbrückt.

*

Das Spukhaus in Kaltenborn

Schon lange suchte eine junge Frau eine Wohnung, in einer ruhigen Lage. Als sich die Gelegenheit bot, von Salzungen nach Kaltenborn zu ziehen, ergriff sie diese und verließ das hektische Treiben der Stadt.

Kaltenborn ist ein Ortsteil, der circa drei Kilometer Luftlinie südlich von Bad Salzungen liegt. Hier hoffte Janine, so hieß die junge Frau mit ihrem Kind, dem hektischen Treiben der Kreisstadt entfliehen zu können.

Ruhe, nur Ruhe wollte sie finden in dem Ort, der vor rund siebenhundert bis achthundert Jahren am 22. März 1323 erstmals urkundlich erwähnt wurde.

Doch mit der Ruhe sollte es nichts werden!

In dem Haus an der Pfaffenhohle, in das die beiden eingezogen waren, geschahen bereits nach wenigen Monaten seltsame Dinge. Des Nachts ging in der Wohnung auf einmal das Licht an, obwohl niemand anderes im Hause war als die junge Frau mit ihrem kleinen Sohn, die es hätten einschalten können.

Trotz allen Suchens nach der Ursache wurde diese nicht gefunden.

Schon seltsam!

Aber nicht nur das Licht ging an.

Plötzlich begann auch das Radio zu spielen, obwohl es niemand eingeschaltet hatte.

Türen knarrten in ihren Angeln und öffneten sich von selbst.

„Schon unheimlich, nicht wahr?"

Und das ging dann Nacht für Nacht weiter so.

Sicherlich könnt ihr euch gut vorstellen, dass es mit der erhofften Ruhe vorbei war.

Im Gegenteil, es wurde immer schlimmer, bis die Nerven der jungen Frau völlig blank lagen.

Die Krönung des Ganzen geschah denn im kommenden Winter.

Ein stürmischer Wintertag mit viel Schnee ging zur Neige und die Nacht zog mit einem sternenklaren Himmel und klirrendem Frost herauf.

Wie froh konnte man da sein, in einer warmen Stube zu sitzen.

Es musste kurz vor Mitternacht gewesen sein, als etwas laut gegen die geschlossenen Fensterläden schlug.

Erschreckt fuhr Janine in ihrem Bett auf.

Aber nichts war mehr zu hören.

Sich verhört zu haben und Gespenster zu sehen glaubte sie, was auch kein Wunder war, bei dem, was im Haus bisher so Seltsames geschah.

Gerade wollte sie sich wieder hinlegen, da pochte es erneut gegen den Fensterladen.

Aufspringend, in den Morgenmantel schlüpfend ging sie zum Fenster und öffnete dies einen Spaltbreit. Doch niemand war zu sehen, auch als sie das Fenster geöffnet hatte. Vor ihr lag unberührt im hellen Mondlicht die weiß glitzernde Schneefläche.

Mit dem Gedanken: Es wird der Wind gewesen sein, schloss sie das Fenster und wollte sich gerade wieder hinlegen, da klopfte es erneut an das Fenster, aber diesmal richtig heftig.

Da wollte sie wohl einer veralbern.

Wutentbrannt öffnete sie erneut das Fenster und ihr glaubt nicht, was sie da sah?

Nichts! Wieder nichts! Nur die unberührte Schneefläche. Weit und breit keine Spuren im Schnee, noch nicht einmal die eines Tieres.

Dieses Spiel wiederholte sich in der nächsten Stunde noch einige Male.

Sich keinen anderen Rat wissend, rief sie ihre Mutter in der nahen Kreisstadt an und schilderte ihr das Geschehene und flehte diese an: „Mutti, komm, bitte komm doch! Ich habe Angst!"

Und wirklich machte diese sich mit ihrer Mutter als Verstärkung sofort auf den Weg. Mit dem Auto war es nicht weit, und bereits nach 20 Minuten hatten sie die Ortschaft erreicht.

Aus dem Auto ausgestiegen beäugten die beiden Frauen erst mal, das unheimliche Haus aus sicherer Entfernung.

Man konnte es ja nie wissen!

Eigentlich sah es gar nicht wie ein Spukhaus aus.

Sie hielten auch noch nach Personen Ausschau, die sich in der Nähe des Hauses vielleicht herumtreiben könnten.

Nichts war zu sehen.

Selbst als sie das Haus umschritten waren in dem tiefen Schnee nur ihre eigenen Fußspuren zuerkennen.

Was war nur hier los?

Der Wind wehte und wirbelte hier und da durchsichtige Schneewölkchen auf. Wie unzählige kleine Kobolde kreisten die Flocken durch die Luft und fielen überall hin.

Nichts schien hier geschehen zu sein!

Auch als der nahe Tag heraufdämmerte, kam man zu keinem schlüssigen Ergebnis.

Die seltsamen Erscheinungen im und am Haus wiederholten sich in den nächsten Tagen und Wochen immer wieder.

Die junge Frau schaute sich nicht nur nach einer anderen Wohnung um, sondern legte sich einen Kater mit Namen Levi zu. Angeblich sollten Katzen im Haus die Gespenster vertreiben.

Und das war so.

Erst Jahre später sollte Janine in einem Gespräch mit einem alten Kaltenborner den möglichen Grund für den Spuk erfahren.

An der Pfaffenhohle, wo jetzt die Häuser stehen, soll einst ein Friedhof gewesen sein.

Ob dieser durch das Frankensteiner Geschlecht oder zur Zeit des 30-jährigen Krieges stammte, konnte dieser nicht sagen. Jedenfalls gab es den Friedhof nicht mehr und an seiner Stelle wurden die Häuser an der Pfaffenhohle errichtet.

Die hier zu ihrer letzten Ruhe bestatteten, fühlten sich in ihrem Frieden gestört und begannen auf die eine oder andere Art und Weise sich bemerkbar zu machen.

Am schlimmsten soll es mit der Spukerei in den 50er-Jahren, des vorigen Jahrhunderts gewesen sein. Zu diesem Zeitpunkt erwarb die Gemeinde von der Familie Reimer ein Grundstück zur Anlage eines gemeindeeigenen Friedhofes.

Der Erste, der auf der plateauartigen Fläche des neuen Gottesackers, auf der sich auch eine Leichenhalle befindet, in aller Stille beigesetzt wurde, war ein Familienmitglied des Landverkäufers.

Seitdem soll eine Seele nach der anderen der an der Pfaffenhohle beigesetzten Toten ihre Ruhe gefunden haben.

Nur gut für die, die jetzt in der Pfaffenhohle wohnen.

*

„Vietche im Töpfche" zu Vacha

Der Marktbrunnen zu Vacha stammt aus dem Jahre 1613 und gehört zu den frühesten, aber auch schönsten Brunnen der Gegend.

Die Hauptfigur, welche den Brunnen krönt, stellt den Schutzpatron der Stadt, den heiligen Vitus (Veit) dar. Das gar zierlich in Stein gehauene Bildwerk zeigt einen römischen Ritter mit Helm und Lanze. In der herabhängenden linken Hand hält er ein Schild, auf welchem der Märtyrertod des Heiligen dargestellt ist. Neben der Jahreszahl 1613 ist ein Kessel zu sehen, aus dem ein kleines Männlein herausguckt, im Volksmund als *„Vietche im Töpfche"* genannt.

Von diesem Brunnen erzählt man sich folgende Geschichte.

Vor alten Zeiten stand einmal ein mächtiger Feind mit seinen Truppen vor den Toren Vachas und bedrängte den Ort arg. Als sich die Bewohner keinen Rat mehr wussten, entschloss sich, ein mutiger Ritter mit seinen Mannen einen Ausfall zu wagen.

Gesagt, getan.

Lang wogte der Kampf hin und her, bis schließlich der Feind in die Flucht geschlagen wurde.

Die Stadt war gerettet.

Aber so recht konnten sich die Sieger nicht freuen, denn der Ritter war bei der Auseinandersetzung in die Hände des Feindes gefallen.

In seiner Wut über die erlittene Niederlage ließ der Anführer der Feinde sich eine fürchterliche Rache einfallen. Ein großer Kessel wurde mit Öl gefüllt, unter dem ein Feuer angezündet wurde. Nachdem das Öl siedend heiß war, ließ er den sich sträubenden Ritter in den Kessel werfen, um ihn zu Tode zu martern.

Aber was geschah?

Ein Wunder!

Das heiße Öl konnte dem Ritter nichts anhaben.

Zum ewigen Andenken an diese wunderbare Begebenheit ließ die Stadt nicht nur jenes Bild fertigen, sondern nahm auch den heiligen Vitus in das Stadtsiegel auf.

Der Schutzgeist des Ritters, der heilige Vitus, hielt seine Hand über den Mann, sodass er zum großen Erstaunen seiner Feinde unversehrt aus dem Kessel mit dem siedenden Öl herausstieg und seiner Wege ging.

Der alte Hirte Bachmann zu Vacha erzählte über das Männlein in dem Topf jedoch noch eine weitere Geschichte.

Das Männlein soll damals Nachtwächter von Vacha gewesen sein.

Dieser soll sich, um die Stadt zu retten, als Kundschafter in das Lager des Feindes geschlichen haben. In der Dunkelheit der Nacht huschte er von einem Zelt zum anderen, zog sich in den nächtlichen Schatten der Zelte zurück, wenn sich ihm ein feindlicher Posten näherte. Er lauschte den Gesprächen, die im Inneren der Zelte geführt wurden.

Unbedingt wollte er in Erfahrung bringen, was der Feind vorhatte.

Da geschah es!

Vitus Brunnen in Vacha

In einem Moment der Unachtsamkeit stolperte er über eine der Zeltleinen und riss beim Hinfallen mit lautem Getöse die hier abgestellten Speere und Schilde um.

Sofort kam Leben in das Zeltlager des Feindes, und ehe es sich der Nachtwächter versah, hatten sie ihn ergriffen und vor den Anführer der Belagerer gezerrt.

Dieser wollte von dem Gefangenen wissen, was er hier zu suchen habe.

Aber der Nachtwächter schwieg hartnäckig.

Um ihn dennoch zum Reden zu bringen, holte man einen Kessel mit Öl herbei und zündete unter diesem ein riesiges Holzfeuer an.

Selbst beim Anblick des heißen, blubbernden Öles blieben die Lippen des Nachtwächters verschlossen.

So stieß man ihn, ehe er es sich versah, in die kochend heiße Brühe.

Strampelnd und wild um sich schlagend verschwand der Arme in der siedeheißen Flüssigkeit, aus der blubbernd Luftblasen emporstiegen.

Da, was war das?

Die sich um den Kessel gescharrten Feinde glaubten, ihren Augen nicht trauen zu können. Aus der öligen Flüssigkeit tauchte der Nachtwächter auf, das Haar klebte an seinem Kopf und er stieg unversehrt aus dem Kessel, als wäre nichts gewesen.

Welch ein Wunder?

Der heilige Vitus war es gewesen, der den Nachtwächter durch seine Gnade gerettet hatte.

*

Wie das Dorf Merkers zu seinem Namen kam

Am südwestlichen Fuße des 431 Meter hohen Krayenberges führte ein Steg zu dem am jenseitigen Ufer der Werra gelegenen Dorf Merkers. Der Ort liegt am Rand des thüringischen Teils der Röhn. Erstmals wurde Merkers beim Verkauf der *„Ronnmühle"* an das Kloster Frauensee im Jahre 1308 urkundlich erwähnt. In der Nähe der heutige Werragasse des Ortes entstanden auch die ersten Häuser von Merkers, von denen in der nachfolgenden Sage noch zu berichten ist.

Es war zu jener Zeit, in der es auf der Krayenburg noch kein Wasser gab. Dieses musste jeden Tag einige Mal von einem Knecht mit dem Esel von der Werra geholt werden.

Waren es nun die Frankensteiner oder die Herren des Stiftes Hersfeld oder die Herren des landgräflichen Hauses Thüringen, es ist heute nicht mehr festzustellen, wer die gestrengen Herren auf dem Krayenberg waren, denen es mit der Zeit lästig wurde, die Knechte mit den Eseln an die Werra zu schicken, um hier das für die Burg nötige Wasser holen zu lassen.

Sie siedelten deshalb einige Leute am Ufer des Flusses an, gaben ihnen Grund und Boden. Die ersten Katen wuchsen aus dem Boden und genau dort, wo die heutige Werragasse entlang führt.

Aber die gestrengen Herren auf dem Krayenberg überließen den Siedlern nicht umsonst den Grund und Boden, sondern legten ihnen unter anderen Abgaben und Verbindlichkeiten auf. Solch eine Verbindlichkeit betraf die Wasserversorgung der gräflichen Herrschaft auf der Krayenburg.

Die nun täglich herabgeschickten Esel fanden von selbst den Weg durch die Waldungen und das Dickicht des Krayenberges hinab an die Werra.

Unter vielen Mühen wurden hier die Fässer gefüllt und auf den Rücken der Esel festgebunden. Dann trabten diese wieder allein den „*Eselsweg*" hinauf auf die Krayenburg.

Dies ging auch jahrelang gut und die Bewohner der Häuser an der Werra ergaben sich ihrem Schicksal.

Mehr und mehr Bauern siedelten sich hier an der Werra an.

Diesen Umstand nutzend legten die Burgherren den Leuten immer mehr Lasten auf. Selbst für steigenden Wasserbedarf, welche eine Verdoppelung des Wassertransportes mit den Eseln mit sich brachte, erhielten die damaligen Einwohner keine bessere Entlohnung.

Eines Tages reichte es den Eseltreibern und diese forderten eine anständige Belohnung.

Sie unterstrichen ihre Forderung damit, dass sie die Esel mit leeren Fässern nach oben auf die Burg schickten.

Man kann sich das erstaunen, aber dann das wutentbrannte Gesicht des Grafen vorstellen.

Ohne lange zu zögern, rief der Graf die Knechte zu sich und hoch zu Ross ging es auf den schattigen Waldwegen hinab zu den Störrischen.

Als die damaligen Einwohner von Merkers den Grafen mit seinen Leuten schon von Weitem im wilden Galopp herankommen sahen, schwante ihnen Schreckliches.

So sollte es auch sein!

Bei den Häusern angekommen, sprangen der Graf und die Knechte von den Pferden und hieben mit Gerten, die sie in den Händen hielten, auf die erschrockenen Menschen ein.

Der eine und auch der andere konnte sich gerade noch in seine Hütte retten.

Als die Wut des Grafen verraucht war und er der weiteren Züchtigung der Bewohner überdrüssig, rief er den Dorfschulzen zu sich.

Dieser eilte sofort herbei und blieb am ganzen Körper vor Angst zitternd und mit bleichem Gesicht einige Schritte entfernt vor dem Grafen stehen.

„Könnt ihr mir verraten, was das soll, mir leere Fässer auf den Berg zu schicken?", fuhr der Graf den Schulzen mit wütender Stimme an.

„Herr Graf ...!"

„Nichts da, Herr Graf! Kommt das noch einmal vor, dann werde ich mir was ganz Besonderes für euch einfallen lassen!"

„Aber, Herr Graf ...!"

„Bursche, unterbrich mich nicht! Kommt dies noch einmal vor, werde ich euch neue Lasten auferlegen!"

„Herr Graf, dass ...!"

Der Graf ließ den Dorfschulzen einfach nicht zu Wort kommen und wandte diesem jetzt auch noch mit den Worten *„Merk'Er's"* den Rücken zu, eilte zu seinem Pferd.

Im wilden Galopp entfernte sich der Graf mit seinem Gefolge in Richtung Krayenberg.

Zurück blieben die Bauern, die wie begossene Pudel dastanden.

Heute bildet Merkers zusammen mit Kieselbach die Einheitsgemeinde Merkers-Kieselbach.

＊

Vom Arnsberger Schlösschen oberhalb Merkers

Auf dem Arnsberg, an dessen Fuß sich die Straße über Merkers nach Dorndorf und Vacha hinzieht, befindet sich eine Stelle, die man *„am Arnsberger Schlösschen"* bezeichnet. Hier auf der bewaldeten Höhe des Berges, von der man einen herrlichen Blick über das Werratal hinüber zur Krayenburg hat, befand sich in grauer Vorzeit ein Schloss. Die letzten Überreste wurden zum Bau der erwähnten Straßen benutzt, die wir heute unter den Namen Salzunger Straße oder B 62 kennen.

Über dieses Schlösschen überlieferte der Volksmund jahrelang eine Sage, die uns bis heute erhalten geblieben ist.

Es wohnten einmal zwei Brüder da droben auf dem Arnsberg, die nicht unterschiedlicher hätten sein können.

Der eine trat zum Christentum über und folgte dem angelsächsischen Priester Winfried, aus Kyrton in Devonshire, der den geistlichen Namen Bonifatius führte und vom Papst Georg V. die Vollmacht erhalten hatte, die heidnischen Deutschen zu bekehren.

Der andere wollte davon nichts wissen. Und nicht nur das, er wollte sogar seine junge hübsche Tochter wieder an einen Heiden verheiraten.

Was sich dieser vornahm, setzte er auch in die Tat um.

Seine Tochter heiratete einen Heiden.

Nach der vollzogenen Eheschließung wollte der heidnische Schwiegersohn mit seiner jungen Frau zurück in seine ferne Heimat. Sie bestiegen die Kutsche und im Galopp verließ das Gefährt das Schloss.

Aber oh weh, die Pferde wollten nicht so, wie es der Kutscher hoch oben auf dem Bock wollte. Die Gäule gingen durch und die rasende Fahrt führte über Stock und Stein zur Werra hin.

Immer schneller wurde die Fahrt der Kutsche. Sie schleuderte nach rechts, sie schleuderte nach links und drohte einige Male umzukippen.

Ängstlich sich umklammernd glaubte das junge Ehepaar in dem Gefährt, dass ihnen das letzte Stündlein schlagen würde.

Wieder sprang eines der Holzräder der Kutsche über einen am Wegesrand liegenden Feldstein und ließ die Droschke gefährlich zur Seite neigen.

Aber auch diesmal kam sie wieder auf allen vier Rädern zu stehen.

In dem Kutschwagen zwei zitternde Gestalten, denen der Angstschweiß auf der Stirn stand.

Plötzlich geschah das Wunder.

Die Droschke blieb mit einem Wagenrad an einem dicht am Weg stehenden Bildstock hängen und kam zum Stehen.

Sie waren gerettet.

Schnaufend, weißen Schaum vor den Nüstern standen die Pferde, am ganzen Körper dampfend, mit dem Wagen da, als wäre nichts gewesen.

Es dauerte dann auch noch wenigstens fünf bis zehn Minuten, ehe sich die Tür der Kutsche öffnete und das verängstigte Ehepaar ausstieg.

Man konnte den beiden deutlich den Schrecken ansehen, welchen sie gerade überstanden hatten.

War es nun Zufall oder eine höhere Fügung, dass gerade hier ein Bildstock stand und ausgerechnet an diesem ein Rad der Kutsche hängen blieb.

Sie konnten es nicht sagen.

Auf jeden Fall bewirkte diese wunderbare Rettung aus der so augenscheinlichen Gefahr, dass sich der heidnische Ritter gleichfalls mit seiner Familie dem Christentum zuwandte.

Als seine Frau einen Sohn gebar, entschloss er sich, diesen zur Erziehung in ein Kloster nach Fulda zu schicken.

Und so geschah es.

Nach Jahren der Lehrzeit im Kloster kehrte der Sohn als stattlicher, junger Ritter wieder heim.

Wie es der Zufall wollte, begegnete diesem eines Abends auf der Jagd ein bildschönes Fräulein, das über die Wiesen des Werragrundes wie eine feenhafte Gestalt dahin zu wandeln schien.

Ab sofort traf er dieses liebliche Wesen immer wieder auf seinen Streifzügen, das bald ganz sein Herz erfüllte.

Die Liebenden trafen sich nun fast jeden Abend heimlich, und der junge Ritter schwur der Geliebten ewige Treue und versprach, sie als seine Gemahlin in das Arnsberger Schloss heimzuführen.

Als er jedoch seinen Vater davon erzählte, geriet dieser außer sich und befahl seinem Sohn mit zorniger Stimme: „Du hältst dich ab sofort fern von dieser Person, die ist keine Frau für dich! ... Haben wir uns verstanden?"

„Aber Vater ...!"

„Nichts da, aber Vater! Haben wir uns verstanden?"

„Ich liebe sie doch!"

„Papperlapapp! Ich habe bereits um die Hand eines benachbarten Ritterfräulein für dich angehalten! Wie stehe ich denn jetzt da?"

„Vater!"

„Keine Widerrede mehr! Schlag dir das Fräulein aus dem Kopf. Du heiratest die Frau, die ich für dich ausgesucht habe!

Und das sind meine letzten Worte zu diesem Thema! Ich will nichts mehr darüber hören!"

So fügte sich der Sohn dem strengen Willen des Vaters und der Termin für die Hochzeit mit der vom Vater Auserwählten wurde festgesetzt.

Die Trauung sollte in der neuen Kapelle, die der Ritter auf dem Bergvorsprung oberhalb Merkers hatte erbauen lassen, stattfinden.

Schweren Herzens traf der junge Ritter sich mit seiner Geliebten heimlich am nächsten Abend und teilte ihr mit zaghafter Stimme mit: „Ich kann dich nicht heiraten, mein Vater hat für mich eine andere ausgesucht!"

Tränen ob der schrecklichen Nachricht in den Augen antwortete die Geliebte: „Du liebst mich doch, oder etwa nicht?"

„Ja, ich liebe dich von ganzen Herzen, aber gegen den Willen meines Vaters komme ich nicht an. Es tut mir leid."

„Und was ist mit deinem Schwur, den du mir gegeben hast? Hast du ihn etwa vergessen?"

„Nein, ich habe ihn nicht vergessen. Aber ich kann gegen den Willen meines Vaters nichts machen!"

Die Furcht vor dem strengen Vater hatte die Stimme des Gewissens zum Verstummen gebracht und so schritt der Bräutigam am festgelegten Tage an seiner Seite, seine neue, gleichfalls bildschönen Verlobten zur Kapelle.

Alle waren versammelt und der Priester begann mit seiner heiligen Handlung.

Da geschah es.

Ein schauerlicher Klageruf schwebte plötzlich durch das Gewölbe und die Tür zur Kapelle flog mit lautem Krachen auf.

Da stand sie in der Tür, wunderschön, die verschmähte Geliebte des Ritters. Sie war eine Nixe, die ein langes grünes Kleid trug, eingehüllt in einem zarten Schleier.

Die Versammelten in der Kapelle ließen sich jedoch von der Nixe in der Tür nicht aufhalten.

Obwohl dem Ritter nicht ganz wohl in seiner Haut war, wurde die Trauungszeremonie vollzogen. Sich dann umdrehend schritt das getraute Paar auf den Ausgang der Kapelle zu.

Von der Nixe war nichts mehr zu sehen.

Kaum hatte der Ritter jedoch die Schwelle der Kapelle überschritten, schwebte die Nixe, die vor dem Gotteshaus gewartet hatte, auf ihren Geliebten zu.

Sie konnte nicht von ihm lassen.

Mit ihren Händen wirbelte sie den grünlich schimmernden durchsichtigen Schleier wie einen zarten Nebelschwaden durch die Luft und hüllte damit die Gestalt des Ritters ein. Wie ein Wirbelwind fegte sie mit ihm den Berg hinauf und stürzte sich in die Fluten der Werra. Hoch spritzte das Wasser auf, ehe beide auf Nimmerwiedersehen in den dahinschießenden Wassermassen verschwanden.

So soll es gewesen sein, denn der Ritter wurde nie wieder gesehen.

Aber man erzählt sich dennoch, dass vorüberziehende Landleute dort an der Stelle, die man das Schlösschen nennt, eine bildschöne Jungfrau mit wasserfarbenen Kleid und ebensolchen Schuhen gesehen haben will.

Erst vor nicht allzu langer Zeit kam ein junger Bauer totenblass und am ganzen Körper zitternd nach Merkers.

„Er habe droben am Schlösschen gearbeitet, und aus dem Nichts heraus sei plötzlich die Nixe erschienen", so erzählte er jedenfalls.

Auch geht das Gerücht um, dass schon mancher dort oben in die Irre geführt worden sein.

*

Der feurige Mann bei Merkers

Durch die berüchtigte Merkerser Hohle führt ein mit Steinen und Löchern übersäter Weg, den zahlreiche Fuhrmänner nutzen, um mit ihren Wagen Güter von hier nach dort zu bringen.

So war auch ein Fuhrmann unterwegs der Eilgüter geladen hatte.

In der besagten Hohle geschah es dann.

Rumpelnd und holpernd rollte der Wagen, gezogen von zwei Pferden, den Weg entlang. Fast schon hatte er das Ende der Hohle erreicht, da prallte das rechte hintere Rad gegen einen großen Stein.

Krachen und Knirschen!

Der Wagen neigte sich zur Seite!

„So ein Mist!", fluchend, musste der Fuhrmann feststellen, dass ein Rad zerbrochen war.

Der Wagen neigte sich zur Seite!

Dem Mann blieb nichts weiter übrig, als die Dienste des Stellmachers in Merkers in Anspruch zu nehmen.

Dieser nahm sich, trotz des Drängens des Fuhrmannes, Zeit und so wurde das Rad erst in den Abendstunden fertig. Jetzt musste er aber auch noch nach Tiefenort zum Schmied, damit dieser den eisernen Reifen auf das Rad aufziehen konnte.

Vergeblich versuchte der Fuhrmann, jemand zu finden, der ihm diese Aufgabe abnahm.

Erfolglos waren seine Bemühungen deswegen, denn es war Adventszeit und die Bewohner der Gegend wussten genau, dass zu dieser Zeit, und dass besonders nachts, der feurige Mann auf dem Weg zwischen Merkers und Tiefenort sein Unwesen trieb.

Wer wollte schon mit solch einem Unhold Bekanntschaft machen?

Keiner.

So sah sich der Fuhrmann genötigt, das Rad selbst nach Tiefenort zu schaffen.

Als sich der Fuhrmann auf den Weg machte, verbreitete der Mond bereits sein diffuses Licht über die Landschaft und tauchte das Werratal in gespenstische Helle. Doch kaum hatte er den Ort Merkers verlassen und befand sich auf dem Weg nach Tiefenort, da fing es bereits an.

Wie aus dem Nichts heraus erschien der Feurige zischend und fauchend in zuckende Flamme gehüllt mit einem mächtigen Grenzstein auf der Schulter.

Jetzt wurde dem Fuhrmann etwas bange.

Aber er ließ sich nicht beirren.

Mutigen Schrittes lief er den Weg entlang und versuchte den Feurigen gar nicht zu beachten.

Dieser rief aber in einem fort: „Wo tu' ich ihm nur den Stein hin?" Und jedes Mal kam dabei ein Schwall heißer Luft aus seinem Mund.

Dies ging bis zur Werrabrücke, hier ließ der Feurige von dem Fuhrmann ab und verschwand in einer Rauchwolke, die wie ein lang gezogener Nebelschwaden über die Werrawiesen davonzog.

Aufatmend blieb der Fuhrmann erst einmal stehen, um sich den Schweiß von der Stirn zu wischen.

War es Angstschweiß oder hatten sich die Schweißperlen durch den heißen Atem des Feurigen gebildet?

Der Fuhrmann konnte es beim besten Willen nicht sagen.

Auf dem kürzesten Weg ging es zum Schmied, der zog auch gleich den eisernen Reifen auf das Rad und so konnte der Fuhrmann noch in der gleichen Nacht sich auf den Rückweg nach Merkers machen.

Dies hätte er lieber nicht tun sollen, sicherlich wäre es besser gewesen auf den nächsten Tag zu warten.

Kaum hatte der Fuhrmann mit dem fertigen Rad auf dem Rücken die Werrabrücke überschritten, ging es wieder los.

Diesmal schwebte über den Werrawiesen eine dichte weiße Wolke heran, in der rot glühender Feuerschein hin und her zuckte. Beim Näherkommen bildete sich aus der Wolke eine feurige Gestalt heraus, von gierig leckenden Flammenzungen umhüllt.

„Nicht schon wieder!", konnte der Fuhrmann gerade noch von sich geben, da war der Feurige, der immer noch den mächtigen Grenzstein auf der Schulter trug, auch schon heran und lief unaufhörlich schwätzend: „Wo tu' ich ihn nur hin?" nebenher.

Auch diesmal beachtete der Fuhrmann den Feurigen nicht. Im Gegenteil er schritt immer schneller aus, um den unliebsamen Begleiter loszuwerden.

Dies war dem Spuk dann etwas zu viel. Er stellte sich dem Fuhrmann in den Weg, um ihn aufzuhalten.

Nun wurde der Fuhrmann fuchsteufelswild. Er griff nach der Peitsche, die er am Gürtel immer mit sich trug.

Während er rief: „So tu' ihn wieder hin, wo du ihn her hast!" hieb er dem Feurigen einige Male so derb über das Fell, dass die Funken weit davonstoben.

Ihr glaubt nicht, was geschah.

Im selben Augenblick war der Spuk samt dem Stein verschwunden und der Fuhrmann vernahm irgendwo aus der Dunkelheit der Nacht eine Stimme, die sprach: „Das wollt' ich nur hören. Gott sei Dank, ich bin erlöst!"

*

Vom sitzen gebliebenen Fuhrmann bei Merkers

Einst machte sich ein Fuhrmann auf den Weg nach Merkers. Die Sonne stand hoch am wolkenlosen Himmel. So wie es aussah, wollte es ein herrlicher Tag werden.

Ein paar Stunden musste der Mann schon unterwegs gewesen sein, als sich der Himmel langsam zu bewölken begann und am fernen Horizont sich düstere, graue Gewitterwolken auftürmten.

Der Fuhrmann erhöhte sein Tempo, denn wer wollte schon bei so einem Gewitter im Freien sein?

Gerade als er bei Merkers die berüchtigte Hohle erreichte, ging es los.

Ein greller Blitz zuckte aus den düsteren Wolken und schlug irgendwo in der Nähe ein.

Plötzlich war das Gewitter da.

Es gab einen lauten Knall.

Als wenn es das Signal gewesen wäre, goss es mit einmal in Strömen.

Im Nu war der Weg nur noch eine Schlammpiste, in der die Räder des Karrens durchdrehten und sich schließlich in dem aufgeweichten Boden festwühlten.

Selbst alles schieben half nichts.

Unbarmherzig peitschte das Nass in das vor Anstrengung verzogene Gesicht des Fuhrmanns.

Blitze zuckten am Himmel auf.

Ein Donnerschlag folgte dem anderen.

Es schüttete solche Wassermassen herunter, dass man kaum 20 Meter weit sehen konnte.

Nach einer halben Stunde war es Gott sei Dank vorbei.

Nur an ein Weiterkommen war nicht mehr zu denken.

Der Karren des Fuhrmanns hatte sich in der berüchtigten Merkers Hohle hoffnungslos festgefahren.

Völlig durchnässt, über und über mit Dreck beschmiert stand der Fuhrmann neben seinem Karren und wusste nicht, was er machen sollte. Als er sich in seiner Ratlosigkeit umschaute, erblickte er eine Gestalt oben im Feld stehen, die eine Hacke und Schaufel bei sich trug. Das Komische an dieser Gestalt war nur, dass sie nicht das Geringste vom Gewitter abbekommen hatte.

„Hallo! Du da oben! Kannst du mir helfen?", rief der Fuhrmann und winkte.

Keine Reaktion.

„Hallo hörst du mich nicht? Ich brauche deine Hilfe!"

Der Mann schaute gerade aus und blieb stehen, wo er stand. Der Fuhrmann schien für ihn Luft zu sein.

Erst beim dritten Mal, als der Fuhrmann rief: „Verdammt, hörst du mich nicht? Ich brauche deine Hilfe!", reagierte der Mann und er eilte spornstreichs quer über die Felder herbei.

Der Fuhrmann erzählt ihm kurz, dass er sich bei diesem Sauwetter festgefahren habe und unbedingt seinen Beistand brauche.

„Gib mir deine Hacke, dann können wir gemeinsam den Karren frei buddeln."

Als der Fuhrmann nach der Hacke greifen wollte, zog der Fremde diese rasch zurück, machte ein ernstes Gesicht und hob drohend den Finger.

Mit den Worten. „Was soll das? Ich will doch nur ...!", wich erschrocken der Fuhrmann zurück und ließ den Fremden gewähren.

Dieser machte sich sogleich an die Arbeit.

Der Fuhrmann glaubte, seinen Augen nicht trauen zu können, denn wie der Blitz war der Karren wieder frei, jedoch lagen noch einige Meter grundlosen Weges vor ihm.

So sprach der Fuhrmann zu seinem unbekannten Helfer in seiner Not: „Freund, nun tu mir den Gefallen und schiebe noch einmal den Wagen, während ich die Pferde antreibe, damit ich vollends auf festen Boden komme."

Der Mann nickte, griff alsbald zu und schob den Karren mit leichter Mühe, ehe die Pferde recht anziehen konnten, ein gutes Stück des Weges fort, sodass der Fuhrmann nunmehr leichte Arbeit hatte.

Wie selbstverständlich wollte sich der Fuhrmann bei dem Fremden bedanken und beklagte aufrichtig: „Guter Mann ich habe nicht einmal einen Groschen, um dich für deine Mühen zu bezahlen."

In dem schweigend dastehenden Helfer spiegelte sich die Enttäuschung ob dieser Worte in seinem Gesicht.

Als der Fuhrmann aber mit den Worten fortsetzte: „Gott im Himmel möge es dir lohnen!", strahlte der Mann auf einmal über sein ganzes Gesicht.

„Darauf habe ich schon 300 Jahre lang gehofft. Gott sei Dank, ich bin nun erlöst!", antwortete er mit freudiger Stimme. Kaum waren diese Worte über seine Lippen gekommen, begann die Luft, um dem Fremden zu wogen und zu wabern, als flimmerte sie vor Hitze wie an einem besonders heißen Sommertag und seine Gestalt löste sich in nichts auf.

Der uneigennützige Helfer war vor den Augen des Fuhrmanns verschwunden.

Von den Riesen auf dem Dolmar und der Geba

Viele Geschichten erzählte man sich einst drunten im Werragrund von den vielen unmenschlich großen Leuten, die drüben auf dem Dolmar und auch auf der Geba hausen sollten.

Sie waren nicht nur groß von Wuchs, hatten aber auch eine so laute Aussprache, dass sie vom Dolmar zur Geba hinüber rufen konnten.

Also von einem Berg zu dem anderen.

Über diese Riesen auf dem Dolmar und der Geba wusste einst die Schulzes Lisebeth aus Oberkatz folgende Geschichte zu erzählen.

„Weiber der Unmenschen sei gar fleißige Spinnerinnen gewesen. Das Garn was sie dazu benötigten hätten sie in der Werra gewaschen. Sie benutzten dazu ihre eigene Methode. Mit einem Bein standen sie auf dem einen Ufer und mit dem anderen auf dem gegenüberliegenden Ufer. Aber nicht, dass es dabei ruhig zugegangen wäre, das war nicht der Fall. Während des Auswaschens ihres Garns, in dem dahin schießenden Wasser der Werra machten sie einen solchen Heidenspektakel, das es die Fische mit der Angst bekamen. Die Fische sollen herausspringend aus dem Wasser, um dann sofort wieder im Wasser unterzutauchend in den dahinfließenden Fluss ihr Heil angeblich in einer panischen Flucht gesucht haben."

Was ist aber nun an dieser Geschichte war?

Ist das tatsächlich so gewesen.

Selbst Schulzes Lisebeth die diese Geschichte erzählte, hat nie selbst so recht daran glauben können. Sie vermutete, dass es eine von den Studentenlügen sein könnte, die oft in der Gegend ihre Runde machten.

*

Der Bermbacher Hirte und der Otterkönig

Der Bermbacher Hirte trieb Tag für Tag seine Tiere hinaus zum Wald, um sie dort zu hüten.

Eine Zeit lang geschah nichts Besonderes.

Dies sollte sich jedoch ändern.

Es war ein Tag wie jeder andere. Die Sonne schien vom azurblauen Himmel herab, den nicht einmal ein kleines Wölkchen trübte.

Der Hirte hatte sich auf einem Baumstumpf gesetzt und schauten den Tieren zu, wie diese sich auf der Weide tummelten.

Plötzlich!

Was war das?

Er glaubte, seinen Augen nicht trauen zu können.

Aus dem nichts heraus tauchte eine weiße Schlange auf, von der Größe eines Mannes. Das seltsame daran war, sie kam nicht auf dem Boden herangeschlängelt, sondern Schritt wie ein menschliches Lebewesen langsam durch die Gegend.

Die weiße Schlange trug eine glitzernde Korne und schien keinerlei Eile zu haben.

Gebannt und fasziniert schaute der Hirte auf die glitzernde Krone auf dem Haupt der Schlange.

Da zuckte ihm der Gedanke durch den Kopf: Das kann nur der Otterkönig sein.

„Diese Krone muss ich haben", sprach er im Inneren dann zu sich selbst.

Gedacht, getan.

Der Bermbacher Hirte sprang auf, ergriff seinen hölzernen Hirtenstock und schlug damit nach dem Otterkönig. Weil dies aber nicht den entsprechenden Erfolg hatte, warf er kurz entschlossen mit dem Stock nach dem Otternkönig.

Bergdörfchen Bermbach

Das hätte er lieber nicht tun sollen, auch wenn der hölzerne Stock vorbei flog.

Der Otterkönig blieb stehen, schaute sich nach dem Hirten mit zornigen Blicken um und über seine Lippen kam ein gellender Pfiff.

Im Nu schossen von allen Seiten alles lebendige Gewürm aus dem Gebirge herbei, um sich auf den Hirten zu stürzen.

Erschrocken stand der Hirte für einen Augenblick, wie gebannt auf der Stelle.

Deutlich war das Entsetzen, in seinem Gesicht zu sehen, das ihn ergriffen hatte.

Es war aber nur für einen kurzen Moment.

Der Hirte drehte sich blitzschnell um, geriet dabei ins Stolpern und fiel hin.

Sofort wieder aufstehen, die Beine in die Hand nehmend ergriff er die Flucht. Ohne sich noch einmal umzudrehen, ließ er die Tiere und seinen hölzernen Hirtenstab zurück und entkam unversehrt ins Dorf.

Was weiß, was sonst noch passiert wäre, wenn er nicht davon gelaufen wäre.

Die Ottern hätten ihn bis auf Haut und Knochen aufgefressen.

Der Teufelsstein

Der Teufelsstein ist ein großer Felsbrocken, der sich in der Nähe des Ortes Dermbach befindet. Der Stein hat eine Höhe von etwa 3,5 Metern und ein Gewicht von rund 20 Tonnen. Er liegt auf einem Hügel und bietet einen herrlichen Ausblick auf die Umgebung.

Es gibt viele Legenden und Geschichten über den Teufelsstein.

Eine Geschichte erzählt davon, dass der Teufel den Stein auf die Kirche in Dermbach werfen wollte, um sie zu zerstören.

Doch ein tapferer Mann stellte sich ihm in den Weg und der Teufel ließ den Stein fallen, wo er heute noch liegt.

Eine andere Geschichte erzählt von einem armen Bauern, der auf dem Weg zum Markt nach Dermbach war.

Auf seinem Weg kaum er am Teufelsstein vorbei und bemerkte, dass sein Pferd immer ungeduldiger wurde. Irgendwie war das Tier bemüht, an dem Felsbrocken, der am Rande des Weges lag, so schnell wie möglich vorbei zu kommen.

Dies machte dem Bauern stutzig.

Er zügelte das Pferd, schwang sich aus dem Sattel und ging zu den Felsbrocken mit der Absicht, diesen genauer zu untersuchen.

Dicht vor dem Felsbrocken blieb er stehen und streckte seinen rechten Arm aus, um den Stein mit seiner Hand zu berühren.

Ihr glaubt nicht, was in diesem Moment geschah.

Kaum hatte der Bauer, diesen mit seiner Hand berührt durchlief den Felsen erst ein leichtes Zittern, dass immer stärker wurde und schließlich in ein kräftiges Beben ausartete.

Das Beben war so stark geworden, dass der Bauer sich nicht mehr halten konnte und in den nahen Abgrund stürzte.

In diesem Moment verebbte das Beben des Steines, als hätte sie nie gegeben.

Seitdem wird erzählt, dass der Teufelsstein von einem Fluch belegt ist und dass jeder, der ihn betritt, von dem Teufel in den Abgrund gezogen wird.

Die Menschen in der Region haben deshalb Angst vor dem Teufelsstein und vermeiden es, ihn zu betreten.

Trotzdem gibt es immer wieder abenteuerlustige Menschen, die versuchen, den Fluch zu brechen und den Teufelsstein zu besteigen.

Heutzutage ist der Teufelsstein ein beliebtes Ausflugsziel und Touristenattraktion. Besucher können den Stein besichtigen und die schöne Aussicht genießen.

✳

Sage von der weißen Frau

Es gibt zahlreiche Sagen, Legenden und Geschichten in allen Teilen Deutschlands die von weißen Frauen handeln, dies betriff auch die *„Thüringische Röhn"*.

Eine bekannte Sage, der vielen weißen Frau der *„Thüringer Rhön"* erzählt von so einer geheimnisvollen Frau in einem weißen Gewande. Auf ihren Wanderungen durch die Region brachte sie den Menschen viel Glück und Segen.

Die Geschichte erzählt von einem jungen Mann, der auf seinen Streifzügen durch die Weiten der Natur eine weiße Frau traf.

Doch sie war eine Erscheinung und nicht von dieser Natur.

Wieder und immer wieder traf der junge Mann diese weiße Frau und jedes Mal, wenn er sie ansprechen wollte, schien sie sich in Luft aufzulösen.

Nichtsdestotrotz verliebte sich der Bursche in die liebreizende Erscheinung. Er konnte ihrer positiven Ausstrahlung nicht widerstehen.

So beschloss er, eines Tages ihr zu folgen, um hinter ihr Geheimnis zu kommen.

Der Weg führte ihn über weite Wiesen, bestellte Felder, durch das Gestrüpp dichter Wälder, über hohe Berge bis an eine sprudelnde Quelle.

Hier an dem aus der Erde lustig hervorsprudelnden klaren Quellwassers war die weiße Frau stehen geblieben.

Ein idyllischer Ort.

Die weiße Frau schaute den jungen Mann stumm an.

Auch ohne Worte begriff dieser, dass vor ihm ein Engel stehen musste, der über die Natur wachte und den Menschen Schutz und Hilfe anbot.

Als sie endlich zu reden begann, offenbarte sie ihm, dass sie ihn ausgewählt hatte, um ihr Werk fortzusetzen.

„Hier habe ich etwas", mit diesen Worten überreichte sie ihm ein magisches Amulett.

„Was soll ich damit?"

„Ich befehle dir, dieses Amulett an einem heiligen Ort zu begraben", antwortete sie mit zwingendem Unterton in der Stimme.

„Und was habe ich davon?"

„Wenn du dies tust, bekommst du die Macht der Natur, kannst diese nutzen und den Menschen in der „*Thüringer Rhön*" helfen.

Der junge Mann tat wie ihm geheißen und begrub das Amulett an einem heiligen Ort.

Seitdem wird erzählt, dass die weiße Frau weiterhin in der „*Thüringer Rhön*" umherwandert und den Menschen Glück und Segen bringt.

*

Abkürzungen

Bader	Alte Berufsbezeichnung für den Betreiber einer Badestube, Friseur
BT	Betriebsteil
Chatten	Germanischer Volksstamm
Dickung	Zeitpunkt des Heranwachsens eines Bestandes von Bäumen, wenn sich die Zweige berühren oder überlappen und ein geschlossenes Kronendach bilden.
Dr.	Doktor
e.V.	eingetragener Verein
Fallmeister	Abdecker
GmbH	Gesellschaft mit beschränkter Haftung
GmbH & Co.KG	Gesellschaft mit beschränkter Haftung & Compagnie
Hermunduren	Germanischer Volksstamm
Iroschotten	Eine im 3. Bis 5. Jh. Entstandene christliche Kirche, die in Irland und Schottland spezifische Besonderheiten entwickelten
n.Chr.	nach Christi

NVA	Nationale Volksarmee
Nr.	Nummer
Papisten	ein vom Wort Papst abgeleitetes Wort, abwertende Bezeichnung für Katholiken
Prof.	Professor
Schnepfenjäger	einer, der auf Schnepfenjagd geht
SED	Sozialistische Einheitspartei Deutschlands
Siedeknecht	stellen aus der Sole in einer Pfanne Salz durch Erhitzen her
Stete	Flurnamen bei Bad Salzungen
Tulipan	zu den Liliengewächsen gehörende weißblühende, stark nach Knoblauch riechende Pflanze
usw.	und so weiter
z.T.	zum Teil

Aquarelle / Bilder

Die Strichzeichnungen wurden von Autor auf der Grundlage eigener Fotos mit einem Bildbearbeitungsprogramm erstellt.

Genutzte und weiterführende Literatur

Autorenkollektiv	Verlags Sonderveröffentlichung zum 5. Stadtfest in Bad Salzungen - 4. bis 6. Juli 1997 *Tageszeitung „Freies Wort" vom 04.07.1997, Seite 6*
Autorenkollektiv	„Heimat - Warte" Salzunger Tageblatt *17. Jahrgang, Nr. 9 und 10 Bad Salzungen, den 1. Juli 1939*
Autorenkollektiv	Eisenacher Schriften zur Heimatkunde „Sagen des Wartburglandes" Teil 2 *Kreiskommission zur Erforschung der Geschichte der örtlichen Arbeiterbewegung bei der Kreisleitung der SED, Pädagogisches Kreiskabinett und Eisenach – Information Eisenach 1985*
Bechstein, Ludwig	„Deutsche Sagen" *Buchverlag Der Morgen Berlin, 1. Auflage 1987*
Bechstein, Ludwig	„Thüringer Sagenbuch" *Gesamtausgabe von 1858 in zwei Bänden Rockstuhl Verlag, Bad Langensalza 2001*
Biesel, Thomas / Fritsch, Ella / Wilke, Margot	„Salzungen - Historischer Streifzug durch das Salzunger Land" *Frankensteingemeinde - Verein für Salzunger Geschichte e. V. Bad Salzungen 1992*

Büttner, Karlheinz	Von allerlei Spuk in der „Einöd" *Verlag Hitzeroht, Marburg1992*
Engels, Friedrich	Der Deutsche Bauernkrieg *Verlag Neuer Weg GmbH* *Berlin 1946*
Gebietsgruppe Bad Salzungen des Verbandes der Journalisten	„Bad Salzunger Sagenbüchlein" - Teil 1 Gemeindeverbände Geisa und Kaltennordheim *Druckerei „Freies Wort" Suhl* *BT Bad Salzungen 1988*
Gerlach Harry	„Das verwunschene Schloss" – Heimat-und Sagenbuch der thüringischen Rhön *Rat des Kreises Meiningen / Abteilung Kultur* *Meiningen 1987*
Gebietsgruppe Bad Salzungen des Verbandes der Journalisten	„Bad Salzunger Sagenbüchlein" - Teil 2 Bad Salzungen und Umgebung *Druckerei „Freies Wort" Suhl* *BT Meiningen 1989*
Hahmann, Ernst-Ulrich	„Das alte Salzungen - Sagen einer Stadt im Werratal" *Verlag Steffen Iffland,* *Nordhausen am Harz 2005*
Hahmann, Ernst-Ulrich	„Die Schnepfenburg" *Resch-Druck im Meininger Druckereihaus GmbH* *Meinigen 2010*

Hahmann, Ernst-Ulrich	„Die Ritter vom Frankenstein" *Resch-Druck im Meininger Druckereihaus GmbH Meinigen 2011*
Hoffmann, Eva - Aleith	„Licht in der Nacht" Lebensstationen des thüringischen Dichters Ludwig Wucke *HAAG + HERCHEN Verlag GmbH Frankfurt am Main 1998*
Nachtigall, Walter / Werner, Dietmar	„Der pfiffige Bauer" und andere Volkssagen um Stände und Berufe aus dem Thüringischen *Verlag Die Wirtschaft Berlin, 1. Auflage 1987*
Rölleke, Heinz	„Das große deutsche Sagenbuch" *Artemis & Winkler Verlag Düsseldorf, Zürich, 1996*
Scheinost, Marina	„Der verborgene Schatz" Erstdruck der handschriftlichen thür. Sammlung von Georg Brückner *Verlag Frankenschwelle, Hildburghausen 1993*
Scherer, Werner / Ruck, Hartmut	Bad Salzungen IV / 2000 *ETRO Verlag GmbH & Co. KG für Wirtschaftswerbung Bad Soden - Salmünster 2000*
Schulze, Trenzinger	Neue Mär aus dem Salzunger Land Frankensteiner Heimatblätter *Frankensteingemeinde-Verein für Salzunger Geschichte e. V. Heft Nr. 33, Bad Salzungen Juli 2011*

Wucke, Ch. Ludwig	Sagen der mittleren Werra, nebst den angrenzenden Abhänge des Thüringer Waldes und der Rhön *II. Band Linkes Werra-Ufer Druck und Verlag von L. Scheermesser, Salzungen 1864*
Wucke, Ch. Ludwig	Sagen der mittleren Werra, der angrenzenden Abhänge des Thüringer Waldes, der Vorder- und der hohen Rhön, sowie der fränkischen Saale. *Herausgegeben von Prof. Dr. Hermann Ullrich Hofbuchdruckerei Eisenach, H. Kahle Eisenach 1921*
Wucke, Ch. Ludwig	„Sagen" Verlag von H. Kahle in Eisenach 1891 Nachdruck Verlag Rainer Hartmann Sondheim v. d. Rhön 1996
Wucke, Ch. Ludwig	Der Sagenschatz - Eine Sammlung alter deutscher Sagen Kinderbuchverlag Berlin 5. Auflage, Berlin 1963

Sagenumwobener Frankenstein - Beiträge zur Heimatgeschichte, Heimat- und Traditionspflege
Frankensteiner Heimatblätter 33/2011
Frankensteingemeinde – Verein für Salzunger Geschichte e. V, Bad Salzungen 2011

ERNST - ULRICH HAHMANN,
Oberstleutnant a. D.

geb. 1943 in Ellrich am Südharz, lebt in Bad Salzungen, Ausbildung als Dreher, danach Laufbahn eines Artillerieoffiziers. Während der Wendezeit Einsatz als Kreisgeschäftsführer beim DRK Bad Salzungen. Anschließend in hessischen und bayrischen Sicherheitsfirmen in unterschiedlichen Funktionen tätig.

Zwei Mal verheiratet. Verwitwet. Drei Kinder.

Während der Armeezeit Artikel für militär-technische und militär-wissenschaftliche Zeitschriften geschrieben sowie eine Dokumentation über das Leben und Wirken des Arbeiterführers Franz Jacob.

Nach der Wende Fernstudium *„Schule des Großen Schreibens"* an der Axel Andersson Akademie in Hamburg.

Jetzt im Ruhestand. Geht seinen Hobbys nach. Schreibt jeden Tag mindestens eine Stunde und geht regelmäßig ins Fitnessstudio.

Mitglied des Literaturkreises Bad Salzungen.

Veröffentlichungen:
* ❋ *Das alte Salzungen - Sagen einer Stadt im Werratal*
* ❋ *Die Schnepfenburg - Bad Salzungen*
* ❋ *Die Ritter vom Frankenstein*
* ❋ *Die Gotteshäuser von Bad Salzungen*
* ❋ *Die Ritterburgen im Salzunger Land*
* ❋ *Das alte Ellrich - Sagen einer Südharzstadt*
* ❋ *Die wilde Horde*
* ❋ *Mit neunzehn im Kessel von Stalingrad*
* ❋ *Der Weg in die Hölle - Stalingrad*
* ❋ *Unter der Knute Stalins*
* ❋ *Reiki - Heilende Hände (Co-Autor Edelweiß Knabe)*
* ❋ *Es gibt eine wunderbare Kraft ... (Co-Autor Edelweiß Knabe)*
* ❋ *Lausbuben - Geschichten und Erzählungen aus der Kinderzeit*
* ❋ *Buntes Allerlei*

- *Lyrisches- Eine Schubkastensammlung aus Poesie*
- *Die St. Johanniskirche in Ellrich - Höhen und Tiefen, Licht und Schatten eines evangelischen Gotteshauses*
- *Weihnachtszeit - Geschichten, Erzählungen, Gedichte, Besinnliches zum Feste*
- *Der Hund - Der beste Freund und Helfer des Menschen*
- <u>*Jörg Seedow - Ein Journalist auf Spurensuche:*</u> *Band 1 Der Leichenschänder / Band 2 Der Flüchtlinge*
- <u>*Welt der Heimatsagen:*</u> *Band 1 Sagen und Geschichten aus dem Werratal / Band 2 Sagen und Geschichten aus dem Südharz-Vorland / Band 3 Sagen und Geschichten aus dem Südharz-Vorland, dem Werratal und Unterfranken*
- <u>*Welt der Heimatsagen:*</u> *Band 1 Thüringer Rhön*
- <u>*Welf Wesley - Der Weltraumkadett:*</u> *Band 1 Die Feuertaufe / Band 2 Auf den Spuren der Außerirdischen / Band 3 In Weltall verschollen / Band 4 Zurück zur Erde / Band 5 Flucht in die Unendlichkeit*
- <u>*Todesursache: Vernichtung durch Arbeit:*</u> *Band 1 Kali-Werra-Revier und das KZ Buchenwald / Band 2 Außenkommandos des KZ Buchenwald im Kali-Werra-Revier / Band 3 Einsatz Kriegsgefangener und Fremdarbeiter im Kali-Werra-Revier/ Band 4 SS-Arbeitslager Erich / Band 5 SS-Arbeitsbrigade IV / Band 6 Die Erinnerung darf nicht sterben*
- <u>*Der Zweite Weltkrieg:*</u> *Band 1 Im Einsatz als Luftnachrichtenmann - Auf dem Weg in die Hölle Stalingrad / Band 2 Mit neunzehn Jahren im Kessel von Stalingrad - Es war die Hölle*

Als Ghost Writers geschrieben:

- *Zwischen 2 Welten - plötzlich ist alles anders (Nahtoderfahrungen eines Betroffenen)*
- *Traurigkeit*

ERNST-ULRICH HAHMANN

Welt der Heimatsagen

Sagen und Geschichten aus dem Südharz-Vorland, dem Werratal und Unterfranken

Ellrich - Bad Salzungen - Stockstadt

Ernst-Ulrich Hahmann

Die St. Johanniskirche in Ellrich

Höhen und Tiefen, Licht und Schatten
eines evangelischen Gotteshauses

Ernst-Ulrich Hahmann

Bad Salzungen
und seine Gotteshäuser

Ernst-Ulrich Hahmann

Die
Ritterburgen
im Salzunger Land

Die Krayenburg

Die Schnepfenburg

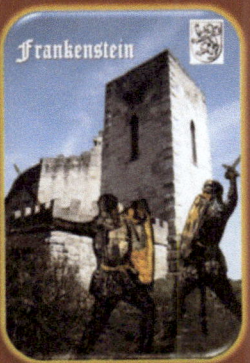

Frankenstein

Burg Altenstein

Wasserburg Wildprechtroda

Burg Liebenstein